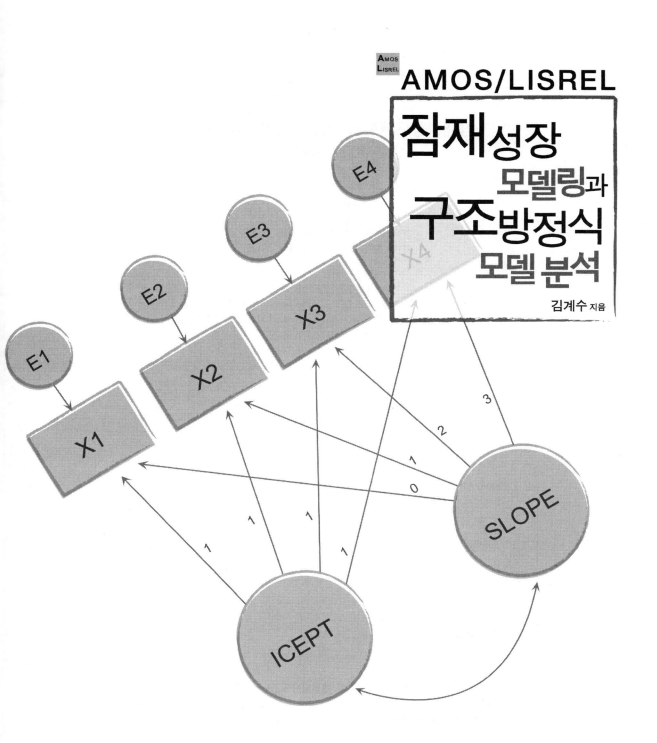

AMOS/LISREL

잠재성장 모델링과 구조방정식 모델 분석

김계수 지음

한나래아카데미

잠재성장모델링과 구조방정식모델 분석
(AMOS / LISREL)

지은이 ┃ 김계수
펴낸이 ┃ 한기철

2009년 9월 20일 1판 1쇄 펴냄
2019년 6월 5일 1판 3쇄 펴냄

펴낸곳 ┃ 한나래출판사
등록 ┃ 1991. 2. 25 제22-80호
주소 ┃ 서울시 마포구 토정로 222, 한국출판콘텐츠센터 309호
전화 ┃ 02-738-5637 · 팩스 ┃ 02-363-5637 · e-mail ┃ hannarae91@naver.com
www.hannarae.net

ⓒ 2009 김계수
Published by Hannarae Publishing Co.
Printed in Seoul

국립중앙도서관 출판시도서목록(CIP)

잠재성장모델링과 구조방정식모델 분석(AMOS / LISREL) / 김계수 지음. ─ 서울 :
한나래출판사, 2009
208p. ; 26cm.

참고문헌과 색인수록
ISBN 978-89-5566-094-4 93310 : ₩13000

통계 분석[統計分析]
구조 방정식 모형[構造方程式模型]

310.16-KDC4
519.535-DDC21   CIP2009002589

Preface

머리말

　미국의 경제학자 대번포트(Thomas H. Davenport) 교수는 "이제는 데이터의 '생성'과 '축적'에서 '활용'과 '분석'으로 연구의 축이 바뀌고 있다"라고 하였다. 이는 데이터의 생성보다는 이를 어떻게 활용하고 분석하느냐가 더 중요하다는 것을 의미하는 말이라고 하겠다. 최근 실무 분야에서는 연구자의 역량을 평가할 때 전략과 대안 제시 능력을 중요시하고 있다.

　연구자나 실무자가 전략이나 대안을 마련하는 데 있어서 가장 기본이 되는 것이 현재의 위치를 파악하는 것이다.

　구조방정식모델링(SEM, Structural Equation Modeling)은 측정모델과 이론모델의 적절한 조합으로 이루어진 것이다. 연구자는 구조방정식을 통해서 사회현상이나 관심 분야를 연구하면서 전체적인 틀과 부분을 이해하게 된다.

　인간의 공동체인 '사회'가 급속도로 발전하고 그 구조가 복잡 미묘해지면서 사람들의 분석 욕구도 점점 세분화, 다양화되고 있다. 특히 정보기술의 발전은 구조방정식모델 분석에 있어서 새로운 분석 툴을 제공하고 있다.

　이 책은 잠재성장모델링(LGM, Latent Growth Modeling)에 관한 내용을 중점적으로 다루었다. 잠재성장모델링 분석은 반복측정의 데이터를 이용하여 초기치(상수)와 변화율(기울기)에 관한 통계량을 구하는 방법이다. 이 분석 방법은 경제학, 심리학, 교육학, 사회복지학 등 다양한 분야에 적용되고 있다.

필자는 이 책을 쓰면서 구조방정식을 처음 접하는 사람도 쉽게 이해할 수 있도록 해야겠다는 마음을 처음부터 끝까지 견지하였다. 그래서 초심자가 쉽게 이해할 수 있도록 서두에 반복측정에 관한 기본 내용과 잠재성장모델링에 관한 기본 개념을 소개하였다. 그리고 연구자의 상황에 맞도록 잠재성장모델을 분석할 수는 구조방정식모델 분석 프로그램인 AMOS와 LISREL을 쉽게 다룰 수 있는 방법을 소개하였다.

이 책의 전체 구성은 다음과 같다.

01 반복측정분석법

02 회귀분석

03 구조방정식모델

04 잠재성장모델링 분석 Ⅰ : AMOS 이용 방법

05 잠재성장모델링 분석 Ⅱ : LISREL 이용 방법

06 잠재성장모델링 분석 비교

책을 저술하는 행위는 고도의 집중력을 요구하는 자신과의 싸움이다. 머릿속에 섬광처럼 스쳐가는 내용들을 정리하고, 여러 가지 프로그램 자료를 분석, 연구하면서 몇 달을 보냈다. 그것은 산고의 고통과 비견되는 힘든 시간이었지만 한편으론 참 행복한 시간이기도 하였다.

이제 책이 출간되는 시점에 즈음하여 필자의 생각은 오직 하나이다. 이 책의 내용이 독자들에게 빠르고 쉽게 전달되어 독자들이 잘 이해할 수 있기를 바랄 뿐이다.

　　늘 그랬듯이 필자는 이 책에 관한 궁금한 사항이나 부족한 점을 전화나 이메일을 통해 친절히 응대해줄 것을 독자들에게 약속드린다.

　　끝으로 이 책에 깊은 애정과 관심을 보여주신 한나래출판사의 한기철 사장님과 조광재 이사님께 감사의 인사를 드린다. 정성을 다해준 편집자께도 감사의 인사를 드린다.

　　항상 자식의 건강을 걱정하시는 어머님, 장모님의 사랑은 원고를 집필하는 데 큰 힘이 되었다.

　　이제는 눈만 봐도 무슨 말을 할 것인지 알아차리는 내 영혼의 친구이며 반려자인 아내에게 감사를 드린다. 바쁘다는 핑계로 많은 시간을 같이 해주지 못했는데도 큰 문제없이 잘 자라주는 두 딸, 나연이와 가빈이에게도 아빠의 미안함과 고마움을 전한다.

　　아무쪼록 이 책의 독자들이 모두 기대 이상의 성과를 거두시길 진심으로 기원한다.

2009년 9월
저자 김계수

Contents

차례

01 반복측정분석법   9

1.1 다변량 분산분석의 의의 ……………………………………… 11

1.2 예제 실행 …………………………………………………………… 13

1.3 반복측정분석에서 고려 사항 …………………………………… 28

연습 문제 ……………………………………………………………… 29

02 회귀분석   31

2.1 단순회귀분석 ……………………………………………………… 35

   2.1.1 산포도 그리기 …………………………………………… 35

   2.1.2 회귀식의 정도 …………………………………………… 42

   2.1.3 회귀선의 적합성 ………………………………………… 45

   2.1.4 회귀모델의 추론 ………………………………………… 47

   (1) β_1의 신뢰구간 추정 ……………………………………… 48

   (2) β_0의 신뢰구간 추정 ……………………………………… 49

   (3) $E(\widehat{Y}_h)$의 신뢰구간 추정 ……………………………… 50

   2.1.5 상관계수 …………………………………………………… 52

   2.1.6 회귀모델의 타당성 ……………………………………… 53

2.2 SPSS(PASW)를 이용한 예제 풀이 …………………………… 55

연습 문제 ……………………………………………………………… 67

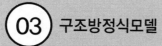

03 구조방정식모델   69

3.1 구조방정식모델 개념 ……………………………………… 71
    3.1.1 구조방정식모델의 개요 ……………………………… 71
    3.1.2 측정모델 …………………………………………… 74
    3.1.3 이론모델 …………………………………………… 77
3.2 구조방정식모델 연구 절차 ………………………………… 79
    (1) 제1단계 _ 문제 인식 ………………………………… 80
    (2) 제2단계 _ 연구모델과 연구가설 개발 ……………… 80
    (3) 제3단계 _ 경로도형 구축 …………………………… 80
    (4) 제4단계 _ 입력 유형의 선택 ……………………… 81
    (5) 제5단계 _ 모델의 분석 및 모델의 인정 평가 ……… 82
    (6) 제6단계 _ 모델의 해석 …………………………… 94
    (7) 제7단계 _ 최종모델 선택 ………………………… 94
연습 문제 ……………………………………………………… 95

04 잠재성장모델링 분석 I - AMOS 이용 방법   99

4.1 잠재성장모델링 개념 정리 ……………………………… 101
4.2 잠재성장모델링의 종류와 적합 여부 판정 ……………… 105
    4.2.1 잠재성장모델링 종류 ……………………………… 105
    4.2.2 잠재성장모델링의 적합 여부 판정 ………………… 110
4.3 AMOS 예제 실행 ………………………………………… 111
    4.3.1 비조건적 모델 분석 ………………………………… 112
    4.3.2 비선형 성장모델 …………………………………… 124
    4.3.3 공변량 성장모델 …………………………………… 130
    4.3.4 성장의 형태를 알 수 없는 분석 …………………… 142
연습 문제 ……………………………………………………… 144

05 잠재성장모델링 분석 Ⅱ - LISREL 이용 방법   147

5.1 LISREL의 역사 ··· 149
5.2 LISREL을 이용한 잠재성장모델 분석 ························· 151
    5.2.1 비조건 모델 ··· 151
    5.2.2 조건 모델 ·· 159
연습 문제 ·· 165

06 잠재성장모델링 분석 비교   167

6.1 AMOS를 이용한 분석 ······································· 171
6.2 LISREL을 이용한 분석 ······································ 178
6.3 AMOS와 LISREL 결과물 비교 ······················· 182
연습 문제 ·· 183

부록   185
부표 1   표준정규분포표 ·· 186
부표 2   t분포표 ·· 187
부표 3 χ^2분포표 ··· 189
부표 4   F분포표 ·· 190

연습 문제 해답   197
참고문헌   205
찾아보기   206

01 반복측정분석법

사자는 정글에서
밤마다 기도하면서 잠이 든다.
날이 밝고 아침이 와
가장 걸음이 느린 가젤보다
빨리 달리지 않으면
굶어 죽을 것임을 걱정하면서.

가젤은 정글에서
밤마다 기도하며 잠이 든다.
날이 밝고 아침이 와
가장 걸음이 빠른 사자보다
빨리 달리지 않으면
누군가의 밥이 되고 말 것임을 걱정하면서.

사자나 가젤이나
모두 알고 있다.
아침이 되어 태양이 떠오르면
무조건 달려야 한다는 사실을.

　　　　　　　　　　　　　　　　- 토머스 프리드먼, ≪렉서스와 올리브나무≫ 중에서

학습 목표

1. 반복측정의 개념을 이해한다.
2. SPSS 프로그램을 이용해 반복측정분석 방법을 실행할 수 있다.
3. 반복측정분석의 결과물을 해석할 수 있다.

1.1 > 다변량 분산분석의 의의

반복측정(Repeated Measure)은 사회과학 분야나 의학 분야에서 유용하게 이용할 수 있는 방법이다. 반복측정은 연구자가 관심을 갖고 있는 개체군 (unit group)에 대하여 2회 이상의 연속적인 측정을 하는 것을 말한다(허명회, 2008). 연구자는 실험 대상이나 실험동물에게 행한 실험의 효과를 특정 시점마다 수치를 확인할 수 있다. 반복측정분석은 이 경우에 적합한 분석법이라고 할 수 있다. 대응표본 T 검정의 경우는 같은 집단에 대해서 실험 전후의 차이만을 확인할 수 있지만 반복측정분석법은 두 집단 이상과 여러 시점별로 실험 효과를 분석할 수 있다는 점이 특징이라고 하겠다. 연구자는 반복측정분석에서 분석 결과를 보고 다음을 확인해야 한다.

① 측정 결과가 어떠한 실험 수준에 따라 차이가 있는가?**(개체 간 효과)**
② 측정 결과는 관찰 시점에 따라 차이가 있는가?**(개체 내 효과)**
③ 실험 수준과 관찰 시점에 따른 **상호작용(Interaction) 효과**는 존재하는가?
④ 시간에 따른 실험 수준의 **효과 변화 상황**(프로파일 도표 분석)은 어떠한가?

반복측정분석법에서는 '총변동', '그룹 간 변동', '그룹 내 변동'을 구하고, 각각의 자유도를 구한 후에 평균제곱을 계산한다. 즉 전형적으로 분산분석법의 절차를 따른다. 이것을 이용하여 분산분석표(ANOVA table)를 만들 수 있는데, 이 표는 분산분석의 가설검정을 위하여 여러 가지 계산 과정을 간단하게 알아볼 수 있도록 한 것이다.

[표 1-1] 일원분산분석표

원천	제곱합(SS)	자유도(DF)	평균제곱(MS)	F
그룹 간	$SSB = \sum_{n_j} \left(\overline{Y_j} - \overline{Y} \right)^2$	$g-1$	$\text{MSB} = \dfrac{SSB}{g-1}$	$\dfrac{MSB}{MSW}$
그룹 내	$SSW = \sum_{n_j} \left(Y_{ij} - \overline{Y_j} \right)^2$	$n-g$	$\text{MSW} = \dfrac{SSW}{n-g}$	
합계	$SST = \sum \sum \left(Y_{ij} - \overline{Y} \right)^2$	$n-1$		

관습적으로 일원분산분석의 가설검정은 모든 요인수준의 평균 μ_j가 같은지 여부를 결정함으로써 시작된다. 일반적으로 귀무가설과 대체가설은 다음과 같이 가설을 세운다.

$H_0 : \mu_1 = \mu_2 = \mu_3$

$H_1 :$ 세 평균이 반드시 같지는 않다.

연구자는 검정통계량의 값을 기준으로 귀무가설의 채택과 기각 여부를 결정한다. 또한 F통계량의 확률값(p)과 비교하여 $p > \alpha = 0.05$이면 귀무가설(H_0)을 채택하고, $p < \alpha = 0.05$이면 귀무가설을 기각하고 연구가설(H_1)을 채택한다.

1.2 예제 실행

세명스포츠센터에서는 회원들을 세 그룹(1 = Control Group, 2 = Diet Group, 3 = Diet + Exercise)으로 분류하여, 몸무게 변화(Weight loss)와 자기효능감(Self esteem)의 변화를 각각 세 달에 걸쳐 조사하였다. 스포츠센터 운영자는 세 그룹 간 몸무게 변화와 자기효능감의 차이 여부를 확인하고자 한다. SPSS를 이용하여 결과를 해석하고 $\alpha = 0.05$에서 검정하라.

[표 1-2] 스포츠센터의 반복측정 자료

구분	몸무게(Weight loss)			자기효능감(Self esteem)		
	1개월	2개월	3개월	1개월	2개월	3개월
통제집단 (Control Group)	4	3	3	14	13	15
	4	4	3	13	14	17
	4	3	1	17	12	16
	3	2	1	11	11	12
	5	3	2	16	15	14
	6	5	4	17	18	18
	6	5	4	17	16	19
	5	4	1	13	15	15
	5	4	1	14	14	15
	3	3	2	14	15	13
	4	2	2	16	16	11
	5	2	1	15	13	16
다이어트(Diet)	6	3	2	12	11	14
	5	4	1	13	14	15
	7	6	3	17	11	18
	6	4	2	16	15	18
	3	2	1	16	17	15
	5	5	4	13	11	15
	4	3	1	12	11	14
	4	2	1	12	11	11
	6	5	3	17	16	19
	7	6	4	19	19	19
	4	3	2	15	15	15
	7	4	3	16	14	18
다이어트와 운동 (Diet + exercise)	8	4	2	16	12	16
	3	6	3	19	19	16
	7	7	4	15	11	19
	4	7	1	16	12	18
	9	7	3	13	12	17
	2	4	1	16	13	17
	3	5	1	13	13	16
	6	5	2	15	12	18
	9	6	3	15	13	18
	9	5	2	16	14	17
	7	9	4	16	16	19
	8	6	1	17	17	17

위의 표를 이용하여 변수 보기 창에서 자료를 입력하면 된다.

[그림 1-1] 자료 입력 화면(일부)

ch1.sav [데이터집합1] – SPSS Statistics Data Editor

파일(F) 편집(E) 보기(V) 데이터(D) 변환(T) 분석(A) 그래프(G) 유틸리티(U) 추가 기능(O) 창(W) 도움말(H)

1 : 그룹   1.0

	그룹	몸무게1	몸무게2	몸무게3	자기효능감1	자기효능감2	자기효능감3
1	1	4.00	3.00	3.00	14.00	13.00	15.00
2	1	4.00	4.00	3.00	13.00	14.00	17.00
3	1	4.00	3.00	1.00	17.00	12.00	16.00
4	1	3.00	2.00	1.00	11.00	11.00	12.00
5	1	5.00	3.00	2.00	16.00	15.00	14.00
6	1	6.00	5.00	4.00	17.00	18.00	18.00
7	1	6.00	5.00	4.00	17.00	16.00	19.00
8	1	5.00	4.00	1.00	13.00	15.00	15.00
9	1	5.00	4.00	1.00	14.00	14.00	15.00
10	1	3.00	3.00	2.00	14.00	15.00	13.00
11	1	4.00	2.00	2.00	16.00	16.00	11.00
12	1	5.00	2.00	1.00	15.00	13.00	16.00
13	2	6.00	3.00	2.00	12.00	11.00	14.00
14	2	5.00	4.00	1.00	13.00	14.00	15.00
15	2	7.00	6.00	3.00	17.00	11.00	18.00

[데이터] ch1.sav

각 그룹은 1은 통제집단(control group), 2는 다이어트(diet)를 한 집단, 3은 다이어트와 운동을 병행한 집단(Diet＋exercise)을 나타내고 몸무게 1~3은 세 달간의 몸무게 변화(weight loss)를 나타낸다. 자기효능감(self esteem) 1~3은 세 달간의 자기효능감을 각각 나타낸다.

이제 반복측정분석 창을 열기 위해서

> **분석(A)**
>> **일반선형모형(G)▶**
>>> **반복측정(R)...**

을 진행하면 다음과 같은 화면을 얻을 수 있다.

[그림 1-2] 반복측정 창 열기

이 화면에서 **개체-내 요인이름(W)**의 요인1 을 지우고 'Month'라고 입력을 한다. 그리고 **수준의 수(L)**에 3 을 입력하고 추가(A) 단추를 누른다. 그러면 다음과 같은 화면을 얻을 수 있다.

[그림 1-3] 반복측정 요인 정의 1

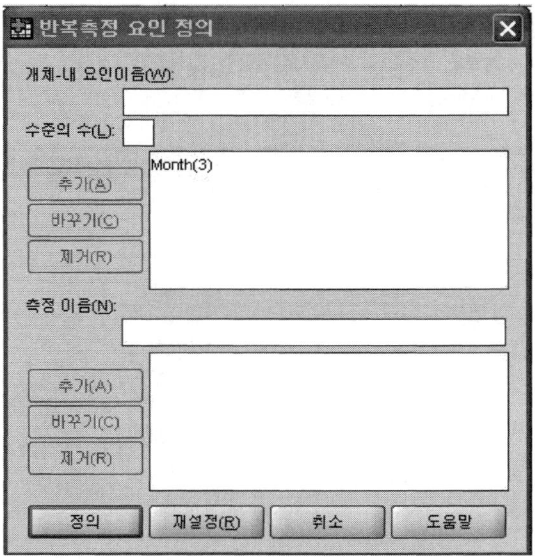

측정 이름(N)에 '몸무게'를 입력하고 추가(A) 단추를 누른다. 그러면 다음과 같은 화면을 얻을 수 있다.

[그림 1-4] 반복측정 요인 정의 2

잠재성장모델링과 구조방정식모델 분석

그리고 '효능감'이라고 입력하고 마찬가지로 <u>추가(A)</u> 단추를 누른다. 그러면 다음과 같은 화면을 얻을 수 있다.

[그림 1-5] 반복측정 요인 정의 3

이 화면에서 <u>정의</u> 단추를 누르면 다음과 같은 화면을 얻을 수 있다.

[그림 1-6] 반복측정 요인 정의 4

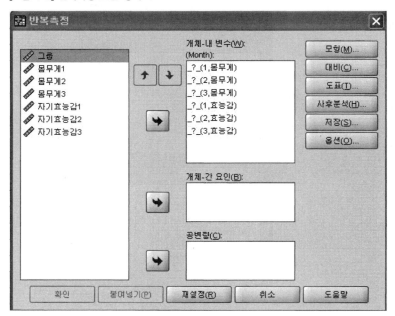

분석자는 몸무게1, 몸무게2, 몸무게3을 각각 _?_(1.몸무게), _?_(2.몸무게), _?_(3.몸무게)에 보낸다. 마찬가지로 자기효능감1, 자기효능감2, 자기효능감3도 각각 _?_(1.효능감), _?_(2.효능감), _?_(3.효능감)에 보낸다. 다음으로 '그룹'을 **개체 – 간 요인(B)**에 보낸다. 그러면 다음과 같은 화면을 얻을 수 있다.

[그림 1-7] 반복측정 요인 정의 5

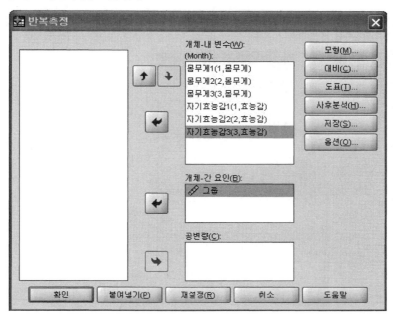

모형(M)... 과 대비(C)... 란은 초기 지정을 유지하고 도표(T)... 창을 열면 다음과 같은 화면을 얻을 수 있다.

[그림 1-8] 반복측정 요인 정의 6

수평축 변수(H)란에는 'month'를 선구분 변수(S)란에는 '그룹'을 지정한다. 도표에서 추가(A) 를 누르면 다음 그림과 같이 도표(T)에 'month*그룹'

이 나타나게 된다.

[그림 1-9] 반복측정 요인 정의 7

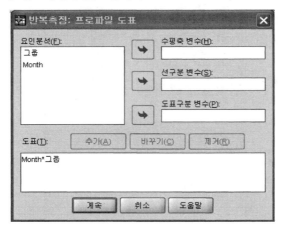

여기서 [　계속　] 단추를 누르면 앞의 [그림 1-7] 화면으로 돌아간다. [그림 1-7]에서 [사후분석(H)...] 단추를 눌러 다음과 같이 지정한다. 여기서는 집단이 3개이기 때문에 사후분석을 통해서 집단의 차이 여부를 확인하는 데 목적이 있다.

[그림 1-10] 반복측정 요인 정의(사후분석) 8

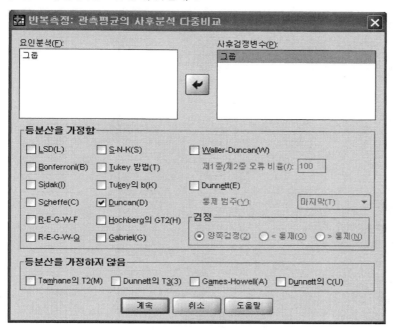

요인분석(F)란의 '그룹'을 **사후검정변수(P)**란으로 보내고 사후검정 방법으로 주로 사용되고 있는 던컨(Duncan) 방식을 지정한다. 계속 단추를 누르면 앞의 [그림 1-7]로 돌아간다. 저장(S)... 단추는 초기 지정을 유지한다. 옵션(O)... 단추를 누르고 다음과 같이 **표시**란에서 ☑기술통계량을 선택한다.

[그림 1-11] 반복측정 요인 정의 9

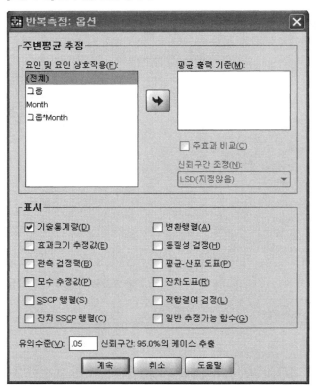

화면에서 █계속█ 단추를 누르고 █확인█ 단추를 누르면 다음과 같은 결과를 얻을 수 있다. 여기서는 중요한 결과물 위주로 설명하기로 한다.

기술통계량

	그룹	평균	표준 오차 편차	N
몸무게1	control	4.5000	1.00000	12
	Diet	5.3333	1.37069	12
	Diet+exercise	6.0000	2.44949	12
	합계	5.2778	1.78263	36
몸무게2	control	3.3333	1.07309	12
	Diet	3.9167	1.37895	12
	Diet+exercise	5.9167	1.44338	12
	합계	4.3889	1.69500	36
몸무게3	control	2.0833	1.16450	12
	Diet	2.2500	1.13818	12
	Diet+exercise	2.2500	1.13818	12
	합계	2.1944	1.11661	36
자기효능감1	control	14.7500	1.91288	12
	Diet	14.8333	2.36771	12
	Diet+exercise	15.5833	1.62135	12
	합계	15.0556	1.97042	36
자기효능감2	control	14.3333	1.92275	12
	Diet	13.7500	2.76751	12
	Diet+exercise	13.6667	2.42462	12
	합계	13.9167	2.34673	36
자기효능감3	control	15.0833	2.35327	12
	Diet	15.9167	2.46644	12
	Diet+exercise	17.3333	1.07309	12
	합계	16.1111	2.21395	36

[결과 1-1] 설명

통제집단(control), 다이어트(diet), 다이어트와 운동(diet + exercise)을 병행한 집단별 몸무게 변화와 자기효능감의 평균이 나타나 있다.

[결과 1-2] 다변량 검정

다변량 검정[c]

효과			값	F	가설 자유도	오차 자유도	유의확률
개체-간	절편	Pillai의 트레이스	.988	1278.666[a]	2.000	32.000	.000
		Wilks의 람다	.012	1278.666[a]	2.000	32.000	.000
		Hotelling의 트레이스	79.917	1278.666[a]	2.000	32.000	.000
		Roy의 최대근	79.917	1278.666[a]	2.000	32.000	.000
	그룹	Pillai의 트레이스	.228	2.121	4.000	66.000	.088
		Wilks의 람다	.773	2.198[a]	4.000	64.000	.079
		Hotelling의 트레이스	.293	2.268	4.000	62.000	.072
		Roy의 최대근	.289	4.770[b]	2.000	33.000	.015
개체-내	Month	Pillai의 트레이스	.888	59.231[a]	4.000	30.000	.000
		Wilks의 람다	.112	59.231[a]	4.000	30.000	.000
		Hotelling의 트레이스	7.897	59.231[a]	4.000	30.000	.000
		Roy의 최대근	7.897	59.231[a]	4.000	30.000	.000
	Month * 그룹	Pillai의 트레이스	.626	3.530	8.000	62.000	.002
		Wilks의 람다	.395	4.427[a]	8.000	60.000	.000
		Hotelling의 트레이스	1.475	5.347	8.000	58.000	.000
		Roy의 최대근	1.438	11.141[b]	4.000	31.000	.000

a. 정확한 통계량

b. 해당 유의수준에서 하한값을 발생하는 통계량은 F에서 상한값입니다.

c. Design: 절편 + 그룹
개체-내 계획: Month

[결과 1-2] 설명

다변량 검정 결과를 보면, 개체 내 month의 Wilks 통계량 값은 유의확률 $= 0.000 < \alpha = 0.05$이므로 '귀무가설(H_0): 다변량 검정통계량이 같다'라는 귀무가설을 기각하여 통제집단(control), 다이어트(diet), 다이어트와 운동(diet+exercise)을 병행한 효과는 차이가 있는 것으로 판단된다. month와 그룹 집단 사이에는 상호작용이 있는 것으로 판단된다. 몸무게 변화와 자기효능감의 평균이 나타나 있다(유의확률 $= 0.000 < \alpha = 0.05$).

[결과 1-3] 일변량 검정

일변량 검정

소스	측도		제 III 유형 제곱합	자유도	평균 제곱	F	유의확률
Month	몸무게	구형성 가정	181.352	2	90.676	88.370	.000
		Greenhouse-Geisser	181.352	1.556	116.574	88.370	.000
		Huynh-Feldt	181.352	1.717	105.593	88.370	.000
		하한값	181.352	1.000	181.352	88.370	.000
	효능감	구형성 가정	86.722	2	43.361	18.780	.000
		Greenhouse-Geisser	86.722	1.578	54.960	18.780	.000
		Huynh-Feldt	86.722	1.744	49.721	18.780	.000
		하한값	86.722	1.000	86.722	18.780	.000
Month * 그룹	몸무게	구형성 가정	20.926	4	5.231	5.098	.001
		Greenhouse-Geisser	20.926	3.111	6.726	5.098	.003
		Huynh-Feldt	20.926	3.435	6.092	5.098	.002
		하한값	20.926	2.000	10.463	5.098	.012
	효능감	구형성 가정	25.556	4	6.389	2.767	.034
		Greenhouse-Geisser	25.556	3.156	8.098	2.767	.048
		Huynh-Feldt	25.556	3.488	7.326	2.767	.042
		하한값	25.556	2.000	12.778	2.767	.077
오차(Month)	몸무게	구형성 가정	67.722	66	1.026		
		Greenhouse-Geisser	67.722	51.337	1.319		
		Huynh-Feldt	67.722	56.676	1.195		
		하한값	67.722	33.000	2.052		
	효능감	구형성 가정	152.389	66	2.309		
		Greenhouse-Geisser	152.389	52.072	2.927		
		Huynh-Feldt	152.389	57.558	2.648		
		하한값	152.389	33.000	4.618		

[결과 1-3] 설명

앞의 [결과 1-2]의 각 그룹의 평균이 같지 않다는 다변량 검정통계량이 검정되어 종속변수 중 어느 변수가 그룹 간 차이가 있는지 확인하기 위해서 일변량 검정 결과를 살펴본다. 통제집단(control), 다이어트(diet), 다이어트와 운동(diet+exercise)을 병행한 집단 간에 각각 몸무게 변화와 자기효능감의 평균 차이가 있는 것으로 나타나 있다(유의확률 $= 0.000 < \alpha = 0.05$).

[결과 1-4] 몸무게 프로파일 도표

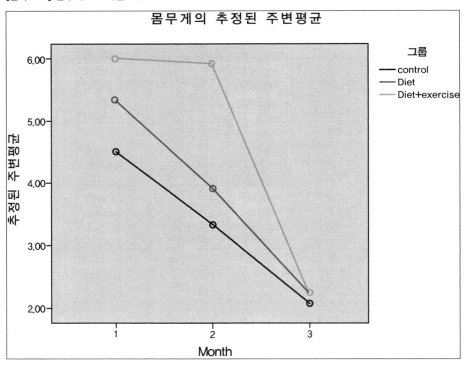

[결과 1-4] 설명

반복측정분석의 결과 해석은 분산분석의 절차를 따르면 된다. 연구자가 쉽고 간단하게 분석 결과를 설명할 수 있는 방법이 도표를 이용하는 방법이다. 월별로 통제집단(control), 다이어트(diet), 다이어트와 운동(diet + exercise)을 병행한 효과를 프로파일로 나타낸 결과 첫째 달과 둘째 달의 몸무게 변화는 크나 셋째 달에는 차이가 거의 없는 것으로 나타났다.

[결과 1-5] 효능감 프로파일 도표

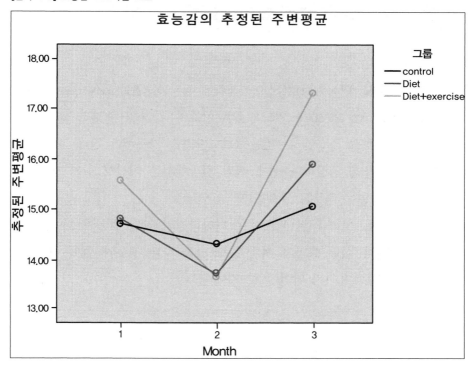

효능감의 추정된 주변평균

[결과 1-5] 설명

월별로 통제집단(control), 다이어트(diet), 다이어트와 운동(diet + exercise)을 병행한 집단 간 효과를 프로파일로 나타낸 결과 첫째 달과 셋째 달은 평균의 차이가 크나 둘째 달의 자기효능감 변화는 거의 없는 것으로 나타났다.

1.3 ▷ 반복측정분석에서 고려 사항

첫째, 반복측정의 실험 계획에서는 **이월효과(carry-over effect)**와 **잔류효과(residual effect)**가 없도록 각 처리의 간격을 충분히 하거나 이월효과 자체를 직접 측정할 수 있는 실험 방법을 강구해야 한다. 이론적으로는 이러한 내용을 권장하나 실제 실험 현장에서는 여건상 실제 실험 기간을 연장할 수 없는 경우도 발생한다.

둘째, 실험을 할 당시에는 나타나지 않았던 효과가 다음 실험할 시점에 나타나 실험 효과가 복합적으로 나타나는 경우가 있어 이 경우는 반복측정법을 적용하지 말아야 할 것이다.

연습 문제

1. 다음은 동기 부여의 정도에 따른 그룹별 성적 차이를 확인하기 위해서 어느 대학교 학생들의 일부 데이터를 표본추출한 것이다. 그룹변수(1 = 학습 동기 부여 정도가 높은 집단, 2 = 학습 동기 부여가 낮은 집단)는 동기 부여의 정도를 나타내고, 평소(평소 1, 평소 2, 평소 3)는 3회에 걸친 평소 시험 점수 및 발표 점수를 나타낸다. 시험(시험 1, 시험 2, 시험 3)은 세 번에 걸친 시험 성적 결과이다.

그룹	평소 1	평소 2	평소 3	시험 1	시험 2	시험 3
1	8	12	10	90	91	91
1	10	12	8	91	88	88
1	10	12	8	93	88	84
1	9	12	7	98	90	95
1	9	12	7	93	94	95
1	10	12	8	93	94	95
1	10	12	6	93	85	85
1	10	12	10	98	94	94
1	10	12	10	91	89	89
1	10	12	8	100	95	95
1	10	12	3	97	97	97
1	10	12	10	98	100	95
1	10	12	9	90	90	90
1	10	12	10	96	92	92
1	10	12	10	98	88	88
1	9	12	10	100	94	94
1	9	12	10	93	96	96
1	8	12	7	98	96	96
2	8	11	5	59	79	59
2	10	10	4	76	64	76
2	8	5	5	68	78	68
2	9	10	3	63	57	63
2	9	10	6	72	39	72
2	8	5	4	71	52	71
2	10	10	3	86	72	86
2	10	11	4	59	28	59
2	10	5	3	70	36	70
2	10	10	2	85	17	85
2	5	11	3	67	77	67
2	7	10	2	73	66	73
2	9	10	3	84	66	84
2	8	5	4	78	64	78
2	9	5	5	48	47	48
2	8	6	6	57	34	57

[데이터] exch1.sav

① 분석 결과 개체 내 측정에 관한 Wilks 통계량 값의 유의성 여부를 가설 검정하라.

② 학습 동기 부여의 정도에 따라 평소 성적과 시험 성적에 차이가 있는지 가설검정하라.

02 회귀분석

연습

하루를 연습하지 않으면 내가 알고, 이틀을 연습하지 않으면 오케스트라가 안다.
그리고 사흘을 연습하지 않으면 세상이 안다.

아르투르 루빈스타인, *My Many Years* 중에서

학습 목표

1. 회귀분석의 의미와 목적을 이해한다.
2. 단순회귀분석을 이해한다.
3. 회귀분석 결과를 해석할 수 있다.

연구자가 통계를 다루다보면 2개 혹은 그 이상의 여러 변수 사이의 관계를 분석해야 할 때가 있다. **회귀분석**은 영향을 주는 변수와 영향을 받는 있는 변수들 사이의 상관관계를 기초로 하여 영향력을 계산하는 방법이다. 전자를 **독립변수**(independent variable 또는 predictor variable)라고 하며, 후자를 **종속변수**(dependent variable 또는 response variable)라고 한다. 예컨대 광고액과 매출액의 관계에서, 전자는 후자에 영향을 미치므로 독립변수가 되고, 후자는 종속변수가 된다.

회귀분석(regression analysis)은 독립변수가 종속변수에 미치는 영향력의 크기를 조사하여 독립변수의 일정한 값에 대응하는 종속변수의 값을 예측하는 기법을 의미한다. 광고액과 매출액 사이에서 어떤 관계가 있을 때, 일단 광고액의 수준이 결정되면 회귀분석을 통하여 매출액을 예상할 수 있다.

회귀분석은 세 가지의 주요 목적을 갖는다. 첫째, **기술적인 목적**을 갖는다. 변수들, 즉 광고액과 매출액 사이의 관계를 기술하고 설명할 수 있다. 둘째, **통제 목적**을 갖는다. 예를 들어 비용과 생산량 사이의 관계 혹은 결근율과 생산량 사이의 관계를 조사하여 생산 및 운영 관리의 효율적인 통제에 회귀분석을 이용할 수 있다. 셋째, **예측의 목적**을 갖는다. 기업에서 생산량을 추정함으로써 비용을 예측할 수 있으며, 광고액을 앎으로써 매출액을 예상할 수 있다.

회귀분석은 독립변수(들)의 수준과 평균반응치 사이의 통계적인 관계를 연구한다. 여기서 종속변수와 독립변수는 다 양적이어야 한다. 회귀분석 안에서의 분산분석은 사실 회귀계수의 검정에 관한 여러 방편 중의 한 가지에 불과한 것이다.

두 변수 사이의 관계를 분석하는 데 회귀분석을 이용하면 상관분석은 증명할 수 있지만 인과관계는 증명할 수 없다. 예를 들어 회귀분석으로는 눈이 와서 추운지 추워서 눈이 오는 것인지 알 수 없다. 그러나 이론적인 배경이나 경험적인 사실에 대한 사전 지식이 있고 회귀분석을 적절하게 사용하는 연구자는 회귀분석을 통해서 인과성을 규명할 수 있다. 따라서 회귀분석을 통계학이 아닌 하나의 예술이라고도 부른다.

회귀분석은 **단순회귀분석(simple regression analysis)**과 **중회귀분석(multiple regression analysis)**으로 나눈다. 이에 대한 구분 방법은 다음 표를 참조하면 쉽게 이해할 수 있다.

[표 2-1] 회귀분석의 종류

구분	독립변수	종속변수
단순회귀분석	1	1
중회귀분석	多	1
일반선형분석	多	多

이 책에서는 구조방정식의 특수 분야라고 할 수 있는 반복측정에 관한 것을 다룬다. 따라서 반복측정분석의 해석에서 연구자가 반드시 알아야 할 **상수항(intercept)**과 **기울기(slope)**에 대한 내용을 설명하기 위해서 단순회귀분석에 대해서만 자세히 설명하기로 한다. 중회귀분석에 관해서 공부를 하고 싶은 분은 시중에 관련 서적이 많이 출간되어 있으니 참조하길 바란다.

2.1 > 단순회귀분석

단순회귀분석(simple regression analysis)의 목적은 두 변수, 즉 하나의 독립변수와 종속변수 사이의 관계를 알아내는 것이다.

2.1.1 산포도 그리기

두 변수 사이의 관계를 알아보기 위해서 우리는 종속변수인 신용카드 보유수가 독립변수인 가족수 변화에 따라 어떻게 조직적으로 변하는가를 알아보고자 한다. [표 2-2]의 상태에서 추세를 파악하기가 곤란하므로, 대략적인 관계를 나타낼 수 있도록 관찰치들을 좌표평면에 그려본다. 관찰치들을 좌표평면에 나타낸 그림을 산포도(scatter diagram)라고 하는데, 이 산포도는 회귀분석의 필수적인 첫 단계이다. [표 2-2]의 자료를 이용하여 산포도를 나타내면 [그림 2-1]과 같다.

[표 2-2] 가족수와 카드수 자료

ID	가족수	카드수
1	2	4
2	2	6
3	4	6
4	4	7
5	5	8
6	5	7
7	6	8
8	6	10

[그림 2-1] 산포도

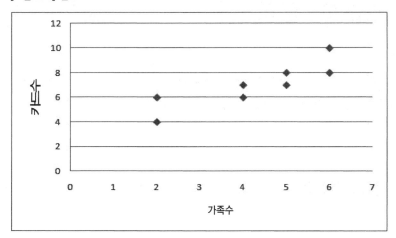

위 그림에서 가족수를 X축에 표시하고 카드수를 Y축에 표시하였다. 우리는 이 산포도를 통하여 두 변수 간의 관계를 대체로 한눈에 파악할 수 있다. 즉 가족수가 많을수록 카드수는 증가한다. 그리고 그 추세를 어느 정도 정확하게 추정하기 위해서 산포도 위에 일차직선을 그을 수 있다. 이 선을 **회귀선** (regression line)이라고 한다. 이 회귀선을 나타내면 [그림 2-2]와 같다.

[그림 2-2] 산포도와 선형회귀직선

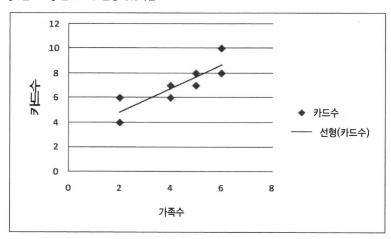

이 그림에서 자료의 관찰치들이 직선 모양의 회귀선에 거의 몰려 있음을 알 수 있다. 이 회귀선을 이용하면 가족수와 카드수 사이의 관계를 함수적으로 파악할 수 있을 것이다.

또 다른 예를 들어보자. 만일 나이와 체중 사이의 관계를 연구한다고 하자. 이 경우에 체중은 종속변수이고 나이는 독립변수라고 생각할 수 있다. 그런데 어느 정도 나이가 들 때까지는 체중이 증가하나 일정한 나이가 되면 어느 기간만큼은 거의 일정하게 유지된다고 볼 수 있다. 이것에 대한 산포도와 회귀선을 직선으로 나타내는 것은 바람직하지 못하다. 오히려 [그림 2-3]에서 보는 바와 같이 회귀선을 곡선(curve)으로 나타내줌으로써 나이와 체중 사이에는 **곡선관계(curvilinear relationship)**를 보여주는 회귀모델이 타당할 것이다. 만일 회귀직선으로 모델을 확정한다면 두 변수 사이의 관계를 올바르게 표시한다고 볼 수 없다. 관찰치들이 회귀모델 주위에 적절하게 몰려 있어야 하기 때문이다. 이와 같이 회귀모델의 선택은 관찰치들의 산포도에 따라 이루어지므로 산포도는 상당히 중요하다고 하겠다.

다음 그림은 **2차회귀식(Quadratic Regression)**임을 알 수 있다.

[그림 2-3] 나이와 체중과의 관계

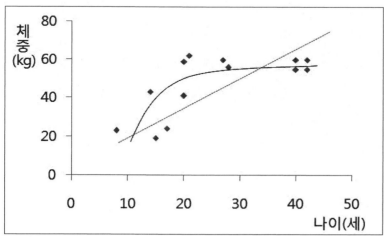

회귀모델에는 두 가지 특징이 나타난다. 첫째, 표본추출된 관찰치들의 모집단에는 각 X수준에 대하여 Y의 확률분포가 있다. 둘째, 이 확률분포들의 평균은 X값에 따라 변한다. 이것을 설명하기 위하여 회귀직선의 경우를 그림으로 나타내면 아래와 같다.

[그림 2-2]에서 보는 바와 같이 회귀직선은 확률분포의 평균치들을 지나가고 있다. 사실 변수 X가 회귀한다는 것은 평균값에 몰리는 경향이 있다는 것을 뜻한다. 우리는 여기서 확률분포의 평균치는 X의 수준에 대하여 조직적인 관계를 가지고 있음을 알 수 있다. 이 조직적인 관계를 X에 대한 Y의 회귀함수라고 부른다. 그리고 이 회귀함수의 그림을 **회귀선**이라고 부른다.

이제 모집단에 대한 단순회귀의 선형모델을 세워보자.

단순회귀직선모델

$$Y_i = \beta_0 + \beta_1 X + \epsilon_i \qquad\qquad \cdots\cdots(2\text{-}1)$$

여기서 $Y_i = i$번째 반응치

$\beta_0 =$절편 모수

$\beta_1 =$기울기 모수

$X_i =$이미 알려진 독립변수의 i번째 값

$\epsilon_i =$ 오차이며 분포는 $N(0, \sigma^2)$

$Cov(\epsilon_i, \epsilon_j) = 0$ (단 $i \neq j$)

다음으로 회귀모델의 가정을 정리하면 다음과 같다.

회귀모델의 가정

① X는 확률변수가 아니라 확정된 값이다.

② 모든 오차는 정규분포를 이루며, 평균이 0, 분산은 σ^2으로 X값에 관계없이 동일하다. 즉 $\epsilon_i \sim N(0, \sigma^2)$

③ 서로 다른 관찰치의 오차는 독립적이다.
   즉 $Cov(\epsilon_i, \epsilon_j) = 0$ (단 $i \neq j$)

④ $Y \sim N(\beta_0 + \beta_1 X, \sigma^2)$

따라서

$$E(Y_i) = E(\beta_0 + \beta_i X_i + \epsilon_i) = \beta_0 + \beta_i X_i + E(\epsilon_i) \qquad \cdots\cdots(2-2)$$
$$= \beta_0 + \beta_1 X_i$$

그러므로 i번째에 있는 X의 값이 X_i라 하면, 종속변수 Y_i는 평균이 $E(Y_i) = \beta_0 + \beta_1 X_i$인 확률분포에서 나온 것이다.

선형회귀모델 $E(Y_i) = \beta_0 + \beta_1 X_i$에서 β_0는 절편이고 β_1은 기울기이다. 직선의 모델은 β_0와 β_1의 값에 따라 달라지며, 이 값들은 모집단을 완전히 파악하지 않으면 알 수 없는 계수들이다. 두 변수 간의 관계를 알기 위해서는 우리는 두 계수를 구해야 한다. 주어진 표본 관찰치들로부터 구해진 회귀직선을(편의상 i를 생략)

$$\widehat{Y} = b_0 + b_1 X \qquad\qquad\qquad \cdots\cdots(2-3)$$

라 하면 b_0와 b_1은 각각 β_0와 β_1의 추정치가 된다. 표본에 대하여 회귀모수 β_0와 β_1의 좋은 추정량을 발견하기 위해서 **최소자승법(least square method)**을 이용할 수 있다.

최소자승법이란 잔차(residual)제곱의 합을 최소화시키는 b_0와 b_1의 값을 구하는 방법을 말한다. 여기서 잔차란 실제 관찰치 Y_i와 예측치 $\widehat{Y_i}$(Y-hat으로 읽음) 사이의 차이값을 뜻하므로, 잔차 e_i는

$$e_i = Y_i - \widehat{Y_i} \qquad\qquad \cdots\cdots(2\text{-}4)$$

이다. 변수들 사이의 관계를 정확하게 기술하거나 예측을 하려면 이 잔차는 최소가 되어야 할 것이다. 이것을 위해서 잔차제곱의 합을 최소화한다면 같은 목적을 이룰 수 있다. 따라서 $\sum_{i=1}^{n} e_i^2$을 최소화시키는 b_0와 b_1의 값을 구하면 된다. 식 (2-5)을 Q라 놓으면,

$$Q = \sum_{i=1}^{n} e_i^2 = \sum_{i=1}^{n} (Y_i - \widehat{Y_i})^2 = \sum_{i=1}^{n} (Y_i - b_0 - b_1 X_i)^2 \quad\cdots\cdots(2\text{-}5)$$

이 된다. 위 식을 b_0와 b_1에 대하여 편미분하고 그 결과를 0으로 놓으면,

$$\frac{\partial Q}{\partial b_0} = 2\sum_{i=1}^{n} (Y_i - b_0 - b_i X_i)(-1) = 0$$

$$\frac{\partial Q}{\partial b_1} = 2\sum_{i=1}^{n} (Y_i - b_0 - b_i X_i)(-X_i) = 0 \qquad\qquad \cdots\cdots(2\text{-}6)$$

의 두 식을 얻으며, 이것을 정리하면

$$\sum Y_i = nb_0 + b_1 \sum X_i$$

$$\sum X_i Y_i = b_0 \sum X + b_1 \sum X_i^2 \qquad \cdots\cdots(2\text{-}7)$$

이 얻어지며, 이 두 식을 **정규방정식(正規方程式, normal equation)**이라고 한다. 이 정규방정식을 b_0와 b_1에 대하여 풀면 다음과 같다.

회귀직선모델의 기울기와 절편

$$b_1 = \frac{n\sum X_i Y_i - (\sum X_i)(\sum Y_i)}{n\sum X_i^2 - (\sum X_i)^2} = \frac{\sum(X_i - \overline{X})(Y_i - \overline{Y})}{(X_i - \overline{X_i})^2}$$

$$b_0 = \frac{1}{n}(\sum Y_i - b_1 \sum X_i) = \overline{Y} - b_1 \overline{X} \qquad \cdots\cdots(2\text{-}8)$$

예제 1

앞의 [표 2-2]에서 주어진 자료를 근거로 최소자승법을 이용하여 회귀직선을 구하라.

풀이

ID	가족수(X_i)	카드수(Y_i)	$X_i \cdot Y_i$	X_i^2
1	2	4	8	4
2	2	6	12	4
3	4	6	24	16
4	4	7	28	16
5	5	8	40	25
6	5	7	35	25
7	6	8	48	36
8	6	10	60	36
합계	$\sum X_i = 34$	$\sum Y_i = 56$	$\sum X_i Y_i = 255$	$\sum X_i^2 = 162$

이것을 이용하여 기울기(slope)와 절편(intercept)을 구하면

$$b_1 = \frac{n\sum X_i Y_i - (\sum X_i)(\sum Y_i)}{n\sum X_i^2 - (\sum X_i)^2} = \frac{(8)(255) - (34)(56)}{(8)(162) - (34)^2} = 0.971$$

$$b_0 = \overline{Y} - b_1\overline{X} = (\frac{56}{8}) - (0.971)(\frac{34}{8}) = 2.87$$

이다. 따라서 회귀식은

$$\widehat{Y} = 0.971 + 2.87X$$

가 된다. 기울기가 2.87이므로 가족수가 1명씩 증가함에 따라 신용카드 보유 개수는 2.87씩 증가한다고 말할 수 있다. Y절편은 0.971이므로 가족수가 0일 때 카드 보유 개수는 0.971개인 셈이 된다. 그러나 이것은 현실적으로 불가능한 이야기이므로 절편의 수치는 의미가 없다고 본다.

만일 가족수가 3명이라면 예상 카드 보유 개수는 $\widehat{Y} = 0.971 + 2.87(3)$ = 9.581 개라고 추정할 수 있다. 여기서 우리는 회귀모델의 적용 범위를 제한하여야 할 필요성을 갖는다. 이 제한은 조사 계획에 의하거나 또는 얻어진 자료의 범위에 의하여 결정된다.

위에서 얻어진 회귀선에서 잔차를 구하려면 $e_i = Y_i - \widehat{Y_i} = Y_i - (0.971 + 2.87X)$ 공식을 이용한다. 예컨대 만약 가족수가 3이면 잔차는 4-(0.971+2.87×3)=-5.581이 된다.

2.1.2 회귀식의 정도

앞에서 주어진 자료를 바탕으로 회귀모델을 일차함수로 나타낸 후에

최소자승법에 의하여 회귀직선을 구하는 방법을 설명하였다. 그러나 회귀선만으로 관찰치들을 어느 정도 잘 설명하고 있는지 여부를 알 수 없다. 회귀선의 정도(精度), 즉 회귀선이 관찰 자료를 어느 정도로 설명하는지를 추정하여야 한다.

회귀선의 정도를 추정하는 방법으로는 **추정의 표준오차(standard error the estimate), 결정계수(coefficient determination)** 두 가지가 있다. 먼저 추정의 표준오차는 다음과 같은 식으로 계산한다.

$$S_{y.x} = \sqrt{\frac{\sum(Y_i - \widehat{Y_i})^2}{n-2}} = \sqrt{\frac{\sum e_i^2}{n-2}} \qquad \cdots\cdots(2\text{--}9)$$

이 값이 0에 가까울수록 회귀식이 독립변수 X와 종속변수 Y의 관계를 적절하게 설명한다고 볼 수 있다.

추정의 표준오차는 척도에 따라 값이 달라질 수 있어 해석이 어려운 경우가 많다. 이 문제를 어느 정도 해결해주는 방법으로 결정계수(coefficient of determination)가 있다. 결정계수는 종속변수의 변동 중 회귀식에 의해 설명되는 비율을 의미한다. 결정계수를 구하기 전에 먼저 필요한 개념을 소개하기로 한다.

관찰치 Y_i의 총편차는 다음과 같이 두 부분으로 나눌 수 있다.

$$(Y_i - \overline{Y}) = (Y_i - \widehat{Y_i}) + (\widehat{Y_i} - \overline{Y}) \qquad \cdots\cdots(2\text{--}10)$$
(총편차) (설명 안 되는 편차) (설명되는 편차)

등식 오른쪽의 첫 번째 편차는 회귀선에 의해서 나타낼 수 없으므로 이것을 '설명 안 되는 편차'라 부른다. 두 번째 편차는 회귀선으로 나타낼 수 있기 때문에 '설명되는 편차'라고 부른다. 관찰치 Y_i는 회귀선으로는 표현할 길이 없으며, 추정치 $\widehat{Y}_i$는 회귀선에 의해 계산이 가능하다. 그것은 회귀선은 평균치 $\overline{Y}$를 지나기 때문이다.

식 (2-10)의 양변을 제곱한 후에 모든 관찰치에 대하여 합하면,

$$\sum(Y_i - \overline{Y})^2 = \sum[Y_i - \widehat{Y}_i) + (\widehat{Y}_i - \overline{Y})]^2$$
$$= \sum(Y_i - \widehat{Y}_i)^2 + (\sum\widehat{Y}_i - \overline{Y})^2 + 2\sum(Y_i - \widehat{Y}_i)(\widehat{Y}_i - \overline{Y})$$

이다. 여기에서 오른쪽 마지막 항은 잔차의 성질에 의하여 $2\sum e_i(\widehat{Y}_i - \overline{Y}) = 2(\sum\widehat{Y}_i e_i - \overline{Y}\sum e_i) = 0$이므로,

$$\sum(Y_i - \overline{Y})^2 = \sum(Y_i - \widehat{Y}_i)^2 + \sum(\widehat{Y}_i - \overline{Y})^2 \qquad \cdots(2-11)$$
$$\text{(총변동)} \quad \text{(설명 안 되는 변동)} \text{ (설명되는 변동)}$$

이 된다.

위 식에서 $\sum(Y_i - \overline{Y})^2$은 **총변동**(SST, total variation), $\sum(Y_i - \widehat{Y}_i)^2$은 **설명 안 되는 변동**(SSE, unexplained variation) 그리고 $\sum(\widehat{Y}_i - \overline{Y})^2$은 **설명되는 변동**(SSR, explained variation)이라고 부른다. 설명 안 되는 변동은 **잔차에 의한 제곱합**(SSE, sum of squares due to residual error), 설명되는 변동은 **회귀에 의한 제곱합**(SSR, sum of squares due to regression)이라고도 한다. 따라서 식 (2-11)은

$$SST = SSE + SSR \qquad \cdots\cdots(2-12)$$

이 된다.

이제 표본결정계수는 다음과 같이 정의된다.

표본의 결정계수

$$r^2 = \frac{SSR}{SST} = 1 - \frac{SSE}{SST}$$

······(2-13)

이것은 총변동 중에서 회귀선에 의하여 설명되는 비율을 나타내며, r^2의 범위는 $0 \leq r^2 \leq 1$이다. 만일에 모든 관찰치들과 회귀선이 일치한다면 $SSE = 0$이 되어 $r^2 = 1$이 된다. 이렇게 되면 X와 Y 사이의 상관관계는 100% 있다고 본다. 왜냐하면 $r = \pm\sqrt{r^2}$이기 때문이다. r^2의 값이 1에 가까울수록 회귀선은 표본의 자료를 설명하는데 유용성이 높다. 이와 반대로, 관찰치들이 회귀선에서 멀리 떨어져 있게 된다면 SSE는 커지게 되며, r^2의 값은 0에 가까워진다. 이 경우에 회귀선은 쓸모없는 회귀모델이 되고 만다. 따라서 표본결정계수 r^2의 값에 따라 모델의 유용성을 판단할 수 있다.

2.1.3 회귀선의 적합성

회귀선이 통계적으로 유의한가(statistically significant)를 검정하는 것은 매우 중요하다. 회귀모델이 아무리 설명력이 높다 하더라도 유의하지 못하면 소용이 없기 때문이다. **회귀선의 적합성(goodness of fit) 여부**, 즉 주어진 자료에 적합(fit)시킨 회귀선이 유의한가는 **분산분석(analysis of variance)**을 통하여 알 수 있다. 이를 위해 분산분석표를 만들면 다음과 같다.

[표 2-3] 단순회귀의 분산분석표

원천	제곱합(SS)	자유도(DF)	평균제곱(MS)	F
회귀	$SSR = \sum(\hat{Y} - \overline{Y})^2$	k	$MSR = \dfrac{SSR}{k}$	$\dfrac{MSR}{MSE}$
잔차	$SSE = \sum(Y - \hat{Y})^2$	$n - (k+1)$	$MSE = \dfrac{SSE}{n-k-1}$	
합계	$SST = \sum(Y - \overline{Y})^2$	$n - 1$		

(k = 독립변수의 수이며, 그 값은 1이다.)

위 표에서 평균제곱은 제곱합을 각각의 자유도로 나눈 것이다. 통계량 MSR/MSE는 자유도($k,\ n-(k+1)$)의 F분포를 한다고 알려져 있다. 회귀의 평균제곱 MSR이 잔차의 평균제곱 MSE보다 상대적으로 크다면 X와 Y의 관계를 설명하는 회귀선에 의하여 설명되는 부분이 설명 안 되는 부분보다 크기 때문이다.

회귀선의 검정에 대한 귀무가설과 대립가설은 다음과 같다.

H_0: 회귀선은 유의하지 못하다. 또는 ($\beta_1 = 0$)

H_1: 회귀선은 유의하다. 또는 ($\beta_1 \neq 0$)

F값을 구한 후에 부록 [부표(附表)]의 F분포표를 이용한 유의수준 α에서 임계치 $F_{(\alpha;1,n-2)}$를 비교하여서 $F > F_{(\alpha;1,n-2)}$이면 회귀선은 유의하다고 결론을 내린다.

예제 2

앞의 자료에서 얻어진 회귀선의 분산분석표를 작성하고 유의수준 5%에서 그 회귀선이 유의한지 여부를 검정하라.

분산분석표를 만들면 다음과 같다.

원천	제곱합(SS)	자유도(DF)	평균제곱(MS)	F	$F(0.05)$
회귀	16.51429	1	16.51429	18.0625	5.99
잔차	5.485714	6	0.914286		
합계	22.0	7			

유의수준 $\alpha = 0.05$에서 $F > F_{(0.05)}$이므로 '회귀선이 유의하지 않다'라는 귀무가설을 기각시킨다. 따라서 회귀선 $\widehat{Y} = 0.971 + 2.87X$는 유의하다고 결론을 내릴 수 있다.

회귀모델이 통계적으로 유의하면 계속해서 모집단의 회귀모델에 대하여 추론을 하여야 한다. 만약 분산분석에서 회귀선이 유의하지 않다고 결론이 내려지면 그 회귀모델은 폐기되어야 한다.

2.1.4 회귀모델의 추론

앞 절에서 개발된 회귀모델의 가정이 모두 성립하며 회귀선이 유의하다고 하자. 그런데 이 회귀선은 단지 표본에서 도출된 것이다. 우리는 표본에서 구한 표본회귀선의 방정식으로부터 모집단 회귀선을 추정해야 하는데, 이것을 회귀분석의 **통계적 추론(statistical inference)**이라고 한다.

단순회귀분석의 모집단 회귀모델을

$$Y_i = \beta_0 + \beta_1 X_i + \epsilon_i \qquad\qquad \cdots\cdots(2\text{--}14)$$

여기서 $\beta_0,\ \beta_1 =$ 모수

$X_i =$ 알려진 상수

$\epsilon_i =$ 독립적이며, $N(0,\ \sigma^2)$,

$Cov(\epsilon_i,\ \epsilon_j) = 0$(단 $i \neq j$)

이라고 하자. 실제 모집단에 속해 있는 관찰치를 모두 얻는 것은 불가능하므로, 모집단으로부터 n개의 관찰치를 추출하여서 표본회귀직선

$$\widehat{Y_i} = \beta_0 + \beta_1 X_i \qquad\qquad \cdots\cdots(2\text{--}15)$$

을 추정하는 것이다. 여기서 $\widehat{Y_i}$는 Y_i, b_0는 β_0 그리고 b_1은 β_1의 점추정량들이다. 이 추정량들은 평균과 분산을 가지고 있으므로 모수들에 대한 구간추정과 가설검정을 할 수 있는 통계적 근거를 마련해준다.

(1) β_1의 신뢰구간 추정

일반적으로 식 (2-14)의 회귀모델 기울기 β_1의 추정에 관하여 관심을 가지는 경우가 많다. 우리가 관심을 갖는 β_1에 대한 가설검정은 다음과 같다.

$$H_0 : \beta_1 = 0$$
$$H_1 : \beta_1 \neq 0$$

만약 귀무가설이 기각되지 않으면, 독립변수가 종속변수를 예측하는 데 도움이 되지 못하는 것을 나타낸다. 위의 가설검정을 위한 검정통계량은 다음과 같은 분포를 따른다.

$$\frac{b_1 - \beta_1}{S_{b_1}} \text{은 } t(n-2) \text{분포를 한다.} \qquad \cdots\cdots(2\text{-}16)$$

n개의 표본에서 $n-2$의 자유도를 가지게 된 이유는 β_0, β_1의 두 모수가 추정되어야 하기 때문에 2개의 자유도를 잃게 된 것이다.

그리고 β_1에 대한 신뢰구간은 다음과 같다.

β_1의 신뢰구간

$$\beta_1 \in b_1 \pm t(\frac{\alpha}{2}, n-2) \cdot S_{b_1} \qquad \cdots\cdots(2\text{-}17)$$

$$\text{여기서 } S_{b_1} = \sqrt{\frac{MSE}{\sum(X_i - \overline{X})^2}}, \quad MSE = \frac{\sum(Y_i - \widehat{Y}_i)^2}{n-2}$$

위의 식에서 σ^2을 아는 경우에는 MSE 대신에 σ^2을 대치할 수 있으며 표본의 크기가 충분히 큰 경우에는 t 대신에 Z를 쓰면 된다.

(2) β_0의 신뢰구간 추정

회귀선의 절편인 β_0의 추론은 흔한 경우가 아니다. 이것에 대한 추론은 그 모델의 기울기가 0인 경우에 하게 된다. β_0의 신뢰구간은 다음과 같다.

β_0의 신뢰구간

$$\beta_0 \in b_0 \pm t(\frac{\alpha}{2}, n-2) \cdot S_{b_o} \qquad \cdots\cdots(2\text{--}18)$$

$$\text{여기서 } S_{b_0} = \sqrt{\frac{MSE}{n \sum (X_i - \overline{X})^2}} , \quad MSE = \frac{\sum (Y_i - \widehat{Y}_i)^2}{n-2}$$

(3) $E(\widehat{Y}_h)$의 신뢰구간 추정

회귀분석의 중요한 목적 중의 하나는 Y확률분포의 평균을 추정하는 것이다. 독립변수(X)의 어떤 수준치를 X_h라 하면 X_h는 회귀모델의 범위 안에 있는 값이다. $X = X_h$일 때 평균반응치를 $E(Y_h)$라고 하면 $\widehat{Y}_h$는 이것의 점추정량이다.

$$\widehat{Y}_h = b_o + b_1 X_h$$

이제 $\widehat{Y}_h$의 표본분포에 대하여 알아보자. $\widehat{Y}_h$의 표본분포는 정규적이며, 기대치와 분산은 다음과 같다.

$\overline{Y_h}$의 기대치와 분산

$$E(\widehat{Y}_h) = E(Y_h)$$

$$Var(\widehat{Y}_h) = \sigma^2 [\frac{1}{n} + \frac{(X_h - \overline{X})^2}{\sum (X_i - \overline{X})^2}] \qquad \cdots\cdots(2\text{--}19)$$

만일 σ^2의 값을 모르는 경우 식 (2-16)에서 $\widehat{Y}_h$ 분산의 추정치,

$$Var(\widehat{Y}_h) = MSE[\frac{1}{n} + \frac{(X_h - \overline{X})^2}{\sum(X_i - \overline{X})^2}]$$

을 얻을 수 있다.

식 (2-15)에서와 마찬가지로 통계량 $\frac{\widehat{Y}_h - E(\widehat{Y}_h)}{S\widehat{y}_h}$ 는 자유도 $n-2$를 가진 t분포를 한다. 따라서 X의 주어진 값 X_h에 대한 $E(\widehat{Y}_h)$의 신뢰구간은 다음과 같다.

X의 주어진 값 X_h에서 $E(\widehat{Y}_h)$의 신뢰구간

$$E(\widehat{Y}_h) \in \widehat{Y}_h \pm t(\frac{\alpha}{2}, n-2) \cdot S_{\widehat{Y}_h} \qquad \cdots\cdots(2\text{-}20)$$

여기서 $S_{\widehat{y}_h} = \sqrt{MSE[\frac{1}{n} + \frac{(X_h - \overline{X})^2}{\sum(X_i - \overline{X})^2}]}$

표본이 충분히 큰 경우에는 t값 대신에 Z값을 대치하면 된다. 왜냐하면 표본의 크기가 증가할수록 분포는 표준정규분포에 가까워지기 때문이다.

지금까지 설명한 회귀분석 절차를 요약하면 다음과 같다.

2.1.5 상관계수

우리는 표본 관찰치들로부터 구해진 회귀직선 $\widehat{Y_i} = b_0 + b_1 X_i$을 얻을 수 있다. 이때 X_i는 주어진 값이고 Y_i만이 확률변수라고 가정하였다. 여기서 오차 $Y_i - \widehat{Y_i}$의 크기를 평균 개념에 의해서 회귀의 표준오차로 측정하였다. 그러나 상관분석에서는 X, Y 두 변수를 모두 확률변수로 가정하며 두 변수의 선형 관계가 얼마나 강한가 하는 것을 지수로 측정하게 된다.

회귀분석을 실시할 경우 상관계수를 구할 수 있다. 두 변수의 선형 관계의 방향과 정도를 나타내는 측정치를 **상관계수(correlation coefficient)**라고 하는데, 모집단의 상관계수 ρ(rho)는 다음과 같다.

$$\rho = \frac{\sigma_{xy}}{\sigma_x \sigma_y}, \quad -1 \leq \rho \leq 1 \qquad \cdots\cdots(2-21)$$

여기서 σ_{xy}는 X와 Y 두 변수의 공분산이며, σ_x와 σ_y는 각각 X와 Y의 표준오차이다.

이제 $\sum (X_i - \overline{X}) = \sum X_i^*$, $\sum (Y_i - \overline{Y}) = \sum Y_i^*$ 이라고 하자. 모집단 상관계수는 표본상관계수를 나타내는

$$r = \frac{\sum X_i^* Y_i^*}{\sqrt{\sum X_i^{*2}} \sqrt{\sum Y_i^{*2}}} \qquad \cdots\cdots(2\text{-}22)$$

에 의하여 추정된다. 최소자승법에 의하여 얻어진 회귀직선의 기울기

$$b_1 = \frac{\sum X_i^* Y_i^*}{\sum X_i^{*2}} \qquad \cdots\cdots(2\text{-}23)$$

이므로, 식 (2-22)와 식 (2-23)에서

$$r = b_1 \frac{\sqrt{\sum X_i^{*2}}}{\sqrt{\sum Y_i^{*2}}=} = b_1 \frac{S_x}{S_y} \qquad \cdots\cdots(2\text{-}24)$$

또는

$$b_1 = r \frac{\sqrt{\sum Y_i^{*2}}}{\sqrt{\sum X_i^{*2}}} = r \frac{S_y}{S_x}$$

여기서 알 수 있는 것은 b_1가 일정하다고 할 때 Y에 비해 X의 표준 편차가 클수록 상관관계는 커진다고 할 수 있다.

2.1.6 회귀모델의 타당성

회귀모델이 정해졌을 때 누구도 이것이 적절하다고 쉽게 단언할 수 없

다. 따라서 본격적인 회귀분석을 하기 전에 자료 분석을 위한 회귀모델의 타당성을 검토하는 것이 중요하다.

첫째, 결정계수 r^2이 지나치게 작아서 0에 가까우면 회귀선은 적합하지 못하다.

둘째, 분산분석에서 회귀식이 유의하다는 가설이 기각된 경우에는 다른 모델을 개발하여야 한다.

셋째, 적합결여검정(lack-if-fit test)을 통하여 모델의 타당성을 조사한다.

넷째, 잔차(residual)를 검토하여 회귀모델의 타당성을 조사한다.

정리하면, 회귀분석은 변수들의 관련성을 토대로 **기술(description), 예측(forecasting), 통제(control)**하는 간단하고 직선적인 종속기법이다. 연구자는 회귀분석을 통해서 변수들 간의 상관성을 파악할 수 있다. 특히 이론적인 기반이 충분하다면 인과성도 파악할 수 있다.

중회귀분석에 관한 내용은 시중에 나와 있는 책을 참조하길 바란다.

2.2 〉 SPSS(PASW)를 이용한 예제 풀이

SPSS 예제 1

다음은 가족수(X)와 신용카드 보유수(Y)의 관계를 나타내는 자료이다. 카드 보유수가 순전히 가족수에 달려 있다고 가정하고, 여덟 가족을 조사한 자료는 다음과 같다. 이 자료를 이용하여 산포도를 그리고 회귀분석을 해보자.

ID	가족수(X)	카드 보유수(Y)
1	2	4
2	2	6
3	4	6
4	4	7
5	5	8
6	5	7
7	6	8
8	6	10

SPSS 풀이

[자료 입력과 산포도 그리기]

1. 회귀분석을 위해서 다음과 같이 데이터를 SPSS 프로그램에 입력한다.

[그림 2-4] 자료 입력

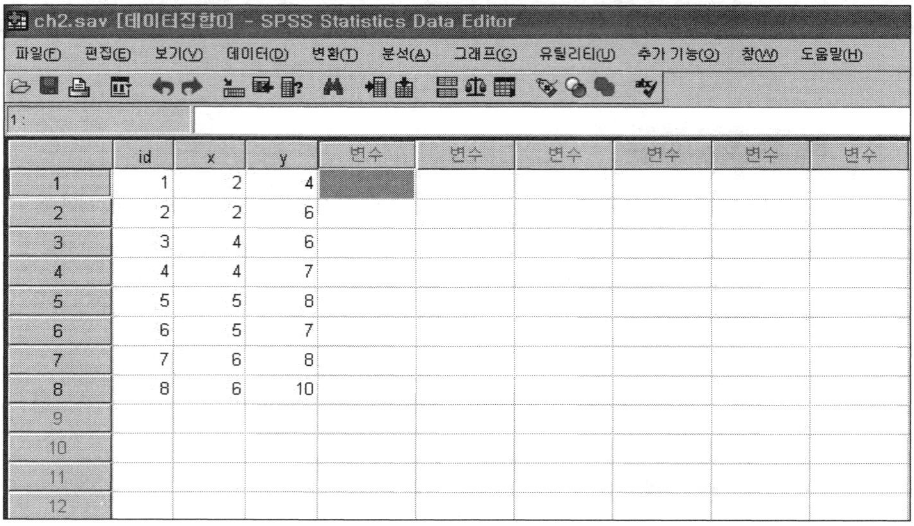

ch2.sav [데이터집합0] - SPSS Statistics Data Editor

	id	x	y	변수	변수	변수	변수	변수	변수
1	1	2	4						
2	2	2	6						
3	3	4	6						
4	4	4	7						
5	5	5	8						
6	6	5	7						
7	7	6	8						
8	8	6	10						
9									
10									
11									
12									

(여기서 x = 가족수, y = 카드수)   [데이터] ch2.sav

2. 두 변수 간의 전반적인 변동 관계를 살펴보기 위해서 산포도분석을 실시해보자. 이를 위해서는 SPSS상에서 다음과 같은 순서를 진행한다. 그러면 다음과 같은 화면을 얻을 수 있다.

그래프(G)

　　　레거시 대화상자(L) ▶

　　　　　　산점도/점도표(S)...

[그림 2-5] 산포도(산점도) 지정 화면 1

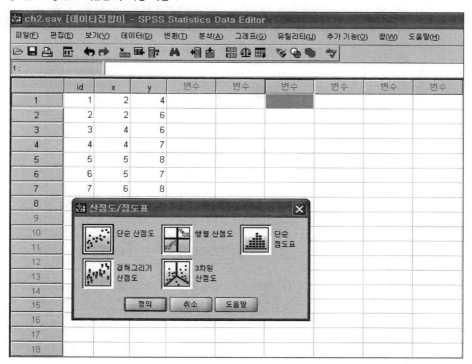

3. 산포도(산점도/점도표) 선택 화면에서 단순 산점도()를 지정하고 [정의]
단추를 누른다. 그러면 다음과 같은 화면을 얻을 수 있다.

[그림 2-6] 산포도 변수 지정 화면 2

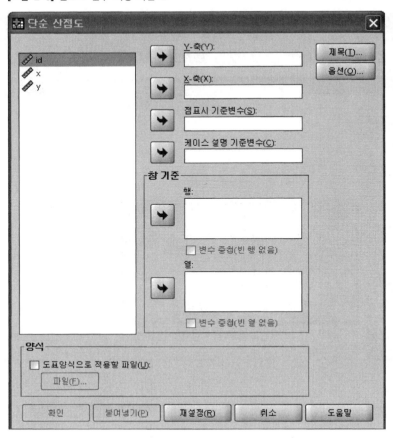

4. **Y-축(Y)**에 y변수를 지정하고 **X-축(X)**에 x변수를 지정한다.

[그림 2-7] 산포도 변수 지정 화면 3

5. 여기서 [확인] 단추를 누르면 다음 결과를 얻을 수 있다.

[결과 2-1] 산포도 결과 화면

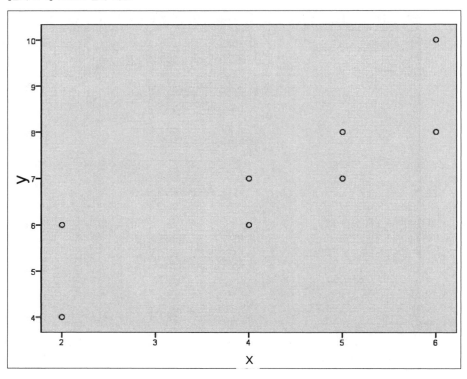

[결과 2-1] 설명

독립변수인 가족수의 변화에 따라 종속변수인 카드 보유수가 조직적으로 많아지는 추세임을 파악할 수 있다. 다음으로 추세를 정확하게 추정하기 위해서 **추정회귀선**을 나타내는 방법을 알아보자.

6. 앞의 화면에서 점이 있는 곳에 마우스 포인터를 올려놓고 더블클릭한다. 그러면 다음과 같은 도표 편집기가 나타난다.

[그림 2-8] 도표 편집기

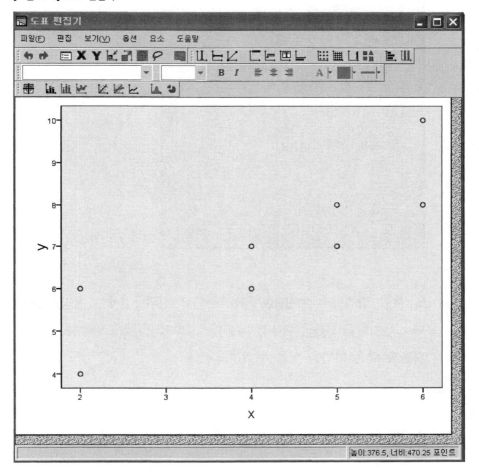

7. 도표 편집기에서 **요소** ⇒ **전체 적합선**을 누른다. 그러면 다음과 같은 화면을 얻을 수 있다.

[그림 2-9] 회귀선 적합 화면

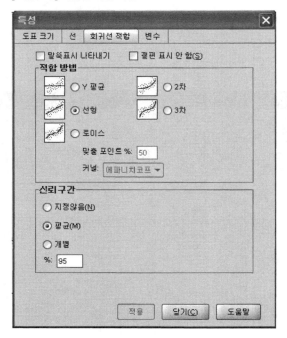

8. 적합 방법에서 ⦿**선형**(　)를 누르고 신뢰구간에서 ⦿**평균(M)**을 지정한다. 그런 다음 적용 단추를 누른다. 그리고 닫기(C) 단추를 누른다. 그러면 다음과 같은 화면을 얻을 수 있다.

[결과 2-2] 추세선 화면

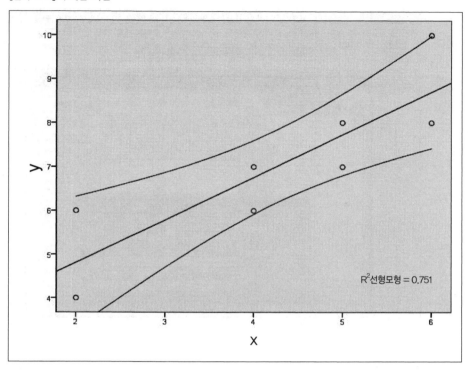

> **[결과 2-2] 설명**

　　추세선 화면에서 추정회귀선과 95% 신뢰구간에 관한 선이 나타나 있다. 오른쪽 하단에는 추세선의 결정계수, 즉 설명력을 나타내는 R^2 선형모형 = 0.751이라는 숫자가 나타나 있다. 이는 추세선이 75.1%의 상황을 설명하고 있다고 생각하면 된다. 연구자는 산포도 분석을 통해서 데이터의 전반적인 추이를 확인할 수 있다.

9. SPSS상에서 데이터 분석을 위해서 **분석(A)** ⇒ **회귀분석(R)** ⇒ **선형(L)...** 을 지정한다. 그러면 다음과 같은 화면을 얻을 수 있다.

[그림 2-10] 회귀분석 변수 지정 화면

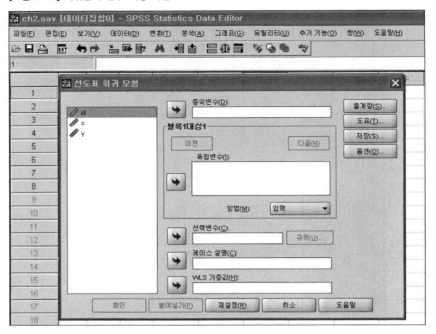

10. **종속변수(D)**란에는 y변수를 **독립변수(I)**란에는 x변수를 지정한다. 그러면
다음과 같은 화면을 얻을 수 있다.

[그림 2-11] 변수 지정 화면

잠재성장모델링과 구조방정식모델 분석

11. 여기서 [확인] 단추를 누르면 다음의 결과를 얻을 수 있다.

[결과 2–3] 단순회귀분석 결과 화면

진입/제거된 변수[b]

모형	진입된 변수	제거된 변수	방법
1	x[a]	.	입력

a. 요청된 모든 변수가 입력되었습니다.

b. 종속변수: y

모형 요약

모형	R	R 제곱	수정된 R 제곱	표준 오차 추정값의 표준오차
1	.866[a]	.751	.709	.956

a. 예측값: (상수), x

분산분석[b]

모형		제곱합	자유도	평균 제곱	F	유의확률
1	회귀 모형	16.514	1	16.514	18.063	.005[a]
	잔차	5.486	6	.914		
	합계	22.000	7			

a. 예측값: (상수), x

b. 종속변수: y

계수[a]

모형		비표준화 계수		표준화 계수		
		B	표준 오차 오류	베타	t	유의확률
1	(상수)	2.871	1.029		2.792	.032
	x	.971	.229	.866	4.250	.005

a. 종속변수: y

[결과 2–3] 설명

　　연구자는 표준화 계수를 이용하여 추정회귀선 $\hat{Y} = 2.871 + 0.97X$를 만들 수 있다. 분산분석표에 나타난 F통계량을 통해서 이 추정회귀선의 유의성 여부를 판단할 수 있다. 유의확률＝0.005 < α＝0.05이므로 추정회귀선

은 유의하다는 연구가설을 채택하게 된다.

[R 0.866, R제곱 0.751, 수정된 결정계수 0.709, 표준오차 0.956]

이는 두 변수의 관련성이 0.866, 결정계수(R^2)＝0.751, 수정결정계수(Adjusted R Square)＝0.709임을 알 수 있다.

[상수 2.871, 표준오차 오류 1.029, t통계량 2.792, 유의확률 0.32]

회귀식의 절편(constant, intercept)＝2.871, 절편의 표준오차＝1.029, t＝2.871/1.029＝2.792, 유의확률(Sig)＝0.032 ＜ α＝0.05이므로 절편은 유의하다.

[X(가족수) 계수 0.971, 표준오차 오류 0.229, 베타 0.866, t통계량 4.250, P-값 0.005]

가족수의 회귀계수(B)＝0.971, 표준오차(Std. Error)＝0.229, 표준화 계수(Regression Coefficient)인 베타는 0.866, t＝회귀계수(B) / 표준오차(Std. Error)＝4.250이다. 유의확률(Significance)＝0.005 ＜ α＝0.05이므로 가족수는 유의한 독립변수임을 확인할 수 있다.

따라서 가족수가 3명인 경우 예상 신용카드 보유수는 $\widehat{Y}$＝2.871＋0.97(3)＝5.781(개)라고 추정할 수 있다.

연습 문제

1. 회귀분석의 개념을 설명하라.

2. 단순회귀분석에서 추정회귀식을 구하는 데 필요한 것은 무엇인가?

3. 다음은 어느 택배 회사의 거리(x, km)에 따른 배달(y, 분) 시간의 데이터 이다.

x	y
30	24
25	27
40	29
18	31
22	25
31	33
26	26
34	28
29	31
37	39
20	33
25	30
27	25
23	42
33	40

① 회귀분석 후 추정회귀식을 만들어라.
② 추정회귀식의 유의성을 판단하라.
③ 만약 거리(x)가 32km라면 예상되는 배달 시간(y)은 얼마인가?

03 구조방정식모델

카오틱스 경영 시스템

격동의 시대가 도래한 지금, 개인이나 조직은 위기에 대처하고 불확실성에 대응하는 시스템을 만들지 않을 수 없었다. 그와 같은 시스템을 우리는 '카오틱스(Chaotics)'라고 부른다. 측정 가능한 위기와 측정 불가능한 불확실성을 겪지 않는 기업은 하나도 없다. 따라서 기업들은 '조기 경보 시스템(early warning system)', '시나리오 구성 시스템(scenario construction system)', '신속 대응 시스템(quick response system)'을 구축해 경기침체기와 같은 격동의 시기에 조직을 잘 운영하고 마케팅을 효율적으로 수행해야 한다.

비즈니스 리더들은 세상에 대한 관점을 새롭게 하고 프레임워크를 새롭게 구축하여 새로운 환경에 적응해야 한다. 다시 말해 언제 어디서나 일어나는 끊임없는 변화를 인지해야 하는 것이다. 세상의 어느 영역에서 변화가 일어나 어느 순간 자기 기업에 상당한 영향을 미칠지 모르기 때문이다.

극심한 격동기를 헤쳐나가야 할 비즈니스 리더들에게는 무엇보다 올바른 판단을 내리기 위한 시스템이 필요하다. 혼돈에 대응하는 경영 프레임워크와 시스템이 필요한 것이다. 그 시스템이 바로 '카오틱스 경영 시스템(Chaotics Management System)'이다.

필립 코틀러·존 캐슬라이언, ≪필립 코틀러 카오틱스≫ 중에서

학습 목표

1. 구조방정식모델의 정의를 이해한다.
2. 구조방정식모델의 구성 원리를 이해한다.
3. 구조방정식모델 분석의 모델 적합도 해석 방법을 이해한다.

3.1 〉 구조방정식모델 개념

3.1.1 구조방정식모델의 개요

우리 사회는 사물과 현상에 대하여 부분과 전체를 함께 보려는 노력을 중요시하고 있다. 사물에 대한 부분과 전체를 통합적으로 볼 수 있는 능력을 겸비한 사람이 '진정한 프로'라고 할 수 있다. 뛰어난 연구 성과를 도출하는 학자들은 서로 연결된 다양한 아이디어의 네트워크를 탐험하기 위해 상상력, 직관, 통찰력 등을 활용한다. 이들은 유추와 통합을 통해서 창조적이고 통합적인 연구모델을 도출한다.

연구자는 자신이 읽은 문헌과 경험한 사실을 근거로 하여 연구모델을 설정한다. 모델(Model)은 현상에 대한 축약이라고 말할 수 있다. 연구모델에는 일반적으로 모두가 공유하는 가정, 기본 원칙, 최근의 환경 요소 등이 담기게 된다. 연구자가 연구모델을 수립한다는 이야기는 상대적으로 밀도 높게 아이디어를 모두 코드화하여 나타내는 것을 의미한다.

사회과학을 연구하는 대부분의 학자들은 인과분석을 검증하기 위해서 구조방정식모델을 자주 이용한다. 구조방정식모델은 경영학, 심리학, 생물학,

교육 분야, 유전학, 사회학, 간호·의료 분야, 스포츠경영 분야 등 다양한 분야에서 적용되고 있다. **구조방정식(SEM, Structural Equation Modeling)**은 어떤 현상에 대한 체계적인 이론을 분석하기 위한 다변량 분석 기법으로 가설검정(주로 확인적인)에 주로 사용되는 통계적인 분석 방법이다.

구조방정식모델은 **측정모델(Measurement Model)**과 **이론모델(Structural Model)**을 통해서 모델 간의 인과관계를 파악하는 방정식 모델을 의미한다. 구조방정식모델은 공분산구조방정식이라고도 부른다. 공분산구조방정식(Covariance Structural Modeling)은 구성 개념 간의 이론적 인과관계와 측정지표를 통한 경험적 인과관계를 분석할 수 있도록 개발된 통계기법을 말한다.

결론적으로 말하면 구조방정식모델은 인과분석을 위해서 요인분석과 회귀분석 및 경로분석을 개선적으로 결합한 형태라고 할 수 있다. 이것을 식으로 나타내면 다음과 같다.

$$Y_1 = X_{11} + X_{12} + X_{13} + \cdots + X_{1n}$$
$$Y_2 = X_{21} + X_{22} + X_{23} + \cdots + X_{2n}$$
$$Y_m = X_{m1} + X_{m2} + X_{m3} + \cdots + X_{mn} \qquad \cdots\cdots(\ 3\text{-}1)$$

(양적변수) (양적, 질적변수)

구조방정식모델 분석의 기본적인 과정은 이론적인 배경하에서 측정변수를 통한 잠재요인을 발견하고, 잠재요인 간에 인과관계의 가설을 설정하는 것이다. 일반적인 구조방정식을 경로도형으로 나타내면 다음 그림과 같다.

[그림 3-1] 구조방정식모델

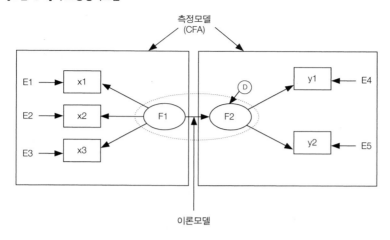

　　위 그림에서 측정변수(X_1, X_2, X_3, Y_1, Y_2)는 사각형(□) 안에 표시하고, 두 개의 잠재요인(F_1, F_2)은 원(○) 또는 타원으로 표시하였다. 여기서 $E_1 \sim E_5$는 측정변수와 관련된 오차를 나타낸다. 여기서 측정오차란 이론변수(F_1, F_2)를 측정하는 측정변수의 오차를 말한다. F_2 위에는 오차항(equation error)이 'D'로 표시되어 있다. 이론모델에서의 오차는 잔차(residual)라고도 하는데 이론모델 내에서 지정된 변수에 의해서 설명되지 않는 부분을 나타낸다. 앞의 그림은 요인 F_1이 요인 F_2에 영향을 주는 것을 나타내고 있다.

　　다음은 구조방정식모델 분석 프로그램에서 이용되는 표기법을 간략하게 나타낸 것이다. 기본적으로 원은 잠재요인, 사각형은 변수를 나타낸다. 화살표는 영향 관계를 나타낸다. 구체적인 구조방정식의 표기 방법은 다음의 표와 같다.

[표 3-1] 구조방정식모델 표기 방법

표기	설명
(F)	- 잠재요인
[V]	- 측정변수
[V] ← (F)	- 측정변수와 잠재요인 간의 경로계수
(F) → (F)	- 잠재요인 간의 경로계수
(F) ← (D)	- 잠재요인 예측 과정에서 발생한 잔차
(D) → [V]	- 측정변수와 관련된 오차

3.1.2 측정모델

측정모델(Measurement Model)은 사회과학 및 행동과학에서 중요하다. 측정모델은 사람들의 태도, 감정, 그리고 동기에 관한 요약을 측정하고 나타내는 데 사용한다. 측정모델은 두 가지 문제를 갖는다. 첫째, 측정 도구의 신뢰성과 타당성에 관한 문제이다. 둘째, 요인과 변수 사이의 상대적 영향력 간의 인과적인 관계에 대한 문제이다. 측정모델은 관찰변수가 얼마나 잘 **잠재요인(latent variables)**에 대한 측정 도구로서 도움을 주는지를 나타낸다. x의 변수군과 이 변수군으로 구성된 **요인(factor)**과의 관계를 수식으로 나타낸 것을 의미하거나, 또는 y의 변수군과 y변수군으로 구성된 요인과의 관계를 수식으로 표기한 것을 나타낸다. 보다 쉽게 설명하면, 측정변수와 이론변수(요인)의 관계를 나타내는 모델을 측정모델이라고 한다. 이것을 그림으로 나타내면 다음과 같다.

[그림 3-2] X 측정모델

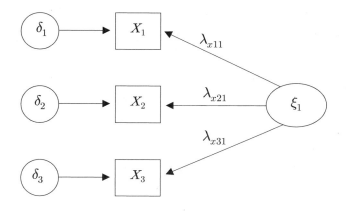

이것을 수식으로 나타내면 다음과 같다.

$$X_1 = \lambda_{x11}\xi_1 + \delta_1$$
$$X_2 = \lambda_{x21}\xi_1 + \delta_2$$
$$X_3 = \lambda_{x31}\xi_1 + \delta_3 \qquad\qquad \cdots\cdots(3\text{--}2)$$

이러한 것을 x에 관한 측정모델이라고 하는데, **외생개념(Exogenous Constructs)**이라고 한다. 이 식을 정리하면 다음과 같이 나타낼 수 있다.

$$X = \Lambda_x\xi + \delta \qquad\qquad \cdots\cdots(3\text{--}3)$$

여기서 Λ_x = 경로계수

ξ = 외생개념

δ = 잔차

를 나타낸다. 경로계수에 하부체를 표기하는 방법으로 화살표의 도착 방향을 먼저 표기하고, 다음으로 화살표가 출발하는 곳의 위치를 표시한다. 예를 들어 λ_{x11}는 요인(ξ_1)에서 출발하여 변수 X_1로 도착하는 것을 나타낸다.

보다 쉽게 표현하면, $\lambda_{(도착, 출발)}$이라고 생각하면 된다. **잔차(residual)**란 이론모델 내의 지정변수에 의해서 설명되지 않는 부분으로, 일반적으로 **오차(error)**라고도 한다.

다음 그림은 y에 관한 측정모델을 나타낸 것이다.

[그림 3-3] Y 측정모델

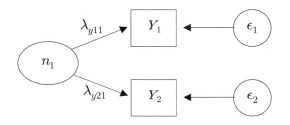

이것을 수식으로 나타내면 다음과 같다.

$$Y_1 = \lambda_{y11}\eta_1 + \epsilon_1$$
$$Y_2 = \lambda_{y21}\eta_1 + \epsilon_2 \qquad\qquad \cdots\cdots(3\text{-}4)$$

이러한 것을 y에 관한 측정모델이라고 하는데, 여기서 측정변수로 설명되는 요인 η_1을 **내생개념(Endogenous Constructs)**라고 한다. 이 식을 정리하면 다음과 같이 나타낼 수 있다.

$$Y = \Lambda_y\eta + \epsilon \qquad\qquad \cdots\cdots(3\text{-}5)$$

여기서 Λ_x = 경로계수

η = 내생개념

ϵ = 잔차(오차) 변수

를 나타낸다.

앞으로 x에 관한 측정모델과 y에 관한 측정모델에서 경로도형 구축 시에 해당 측정모델에서 여러 경로계수 중 반드시 한 개의 경로계수에는 '1'을 부여하는 것을 잊지 말아야 한다. 이는 척도가 다른 변수가 요인에 흘러 들어가거나 이론요인의 척도를 측정변수의 척도에 일치시키기 위한 목적이 있다. 측정모델에서 주요한 개념은 **측정(measurement)**, **신뢰성(reliability)**, **타당성(validity)**이다. 분석 과정에서 이러한 내용은 기본적으로 언급되어야 할 사항이다.

3.1.3 이론모델

이론모델(Structural Model)은 x에 관한 측정모델을 통한 외생개념과 y에 관한 측정모델을 통한 내생개념을 회귀분석적이거나 경로분석적으로 결합하여 관계화한 모델을 의미한다. 물론 y에 관한 측정모델을 통한 내생개념 사이의 결합모델도 포함된다. 즉, 이론모델은 이론변수 간에 어떤 구조적인 관계를 가지고 있는가 하는 것을 나타내는데, 이러한 관계는 연구가설에 의해서 정해진다. 여기서 내생개념과 내생개념을 인과관계적으로 연결할 수도 있다. 다음 그림은 외생개념과 내생개념을 이론모델화한 것이다.

[그림 3-4] 이론모델

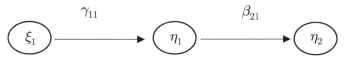

이것을 전체적인 식으로 나타내면 다음과 같다.

$$\eta = \Gamma\xi + \beta\eta + \zeta \qquad\qquad \cdots\cdots(3\text{-}6)$$

앞에서 γ_{11}는 ξ_1에서 화살표가 출발하여 η_1로 도착하는 것을 나타낸다. 종속적인 내생개념(η, η) 사이에는 β를 사용하는데, 여기서 β_{21}는 개념 η_1에서 출발하여 η_2에 도착하는 것을 말한다.

일반적으로 **구조방정식모델의 가정**은 잔차요인과 잠재요인 간에 상관관계가 없고, 원인잠재요인과 측정오차 사이에 상관관계가 없으며, 결과잠재요인과 측정오차 사이에 상관관계가 없다. 또 잔차요인과 측정오차 사이에 상관관계가 없으며, 결과잠재요인과 대각선 원소는 0이라는 가정을 만족해야 한다.

구조방정식모델 분석의 절차는 이론적인 배경에 근거하여 측정변수를 통한 잠재요인을 발견하고 잠재요인들 간의 인과관계 가설검정을 한다.

3.2 〉 구조방정식모델 연구 절차

구조방정식모델은 연구자들이 기존의 요인분석(탐색적인 요인분석)보다 강력한 확인요인분석을 할 수 있고 요인과 변수 사이의 관계성을 구체화하는데 도움을 준다.

논문 작성과 보고서 작성을 위해서 구조방정식 분석 방법을 사용하는 경우에 있어서 체계적인 구조방정식모델의 연구 절차를 그림으로 나타내면 다음과 같다.

[그림 3-5] 구조방정식모델의 연구 절차

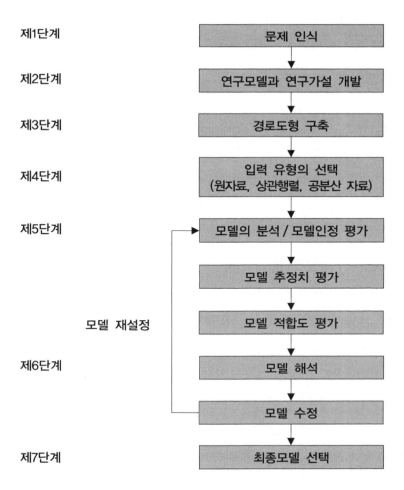

제1단계	문제 인식
제2단계	연구모델과 연구가설 개발
제3단계	경로도형 구축
제4단계	입력 유형의 선택 (원자료, 상관행렬, 공분산 자료)
제5단계	모델의 분석 / 모델인정 평가
	모델 추정치 평가
모델 재설정	모델 적합도 평가
제6단계	모델 해석
	모델 수정
제7단계	최종모델 선택

(1) 제1단계 _ 문제 인식

연구자가 관심을 갖고 연구하고자 하는 문제를 파악하는 단계이다. 이 단계에서 대부분의 연구자는 인과적인 접근 방법, 즉 구조방정식모델 분석에 의해서 문제를 해결하려는 생각을 가지고 있을 것이다. 만약 논문이나 보고서를 작성하는 연구자라면 많은 관련 자료의 수집과 읽기가 무엇보다 중요하다고 하겠다.

(2) 제2단계 _ 연구모델과 연구가설 개발

연구자는 설문지를 통한 설문을 하기에 앞서 연구모델을 구축하게 된다. 연구모델은 기존 이론과 연구 결과를 토대로 해서 구축하는 것이 과학적인 연구 방법이라고 할 수 있다. 이 과정에서 연구자는 초기 연구모델과 함께 적어도 2개 정도의 수정모델을 구상하는 복수모델 구축 전략도 바람직하겠다. 이것은 모델의 적합도 평가 과정에서 적합도를 만족하지 못하는 경우 다른 제안모델을 제시할 수 있는 여지를 마련하기 위해서이다. 연구자가 연구모델을 설정하는 데 있어 모델이 너무 복잡하면 모델의 간명성 (Parsimony)에 위배되어 나중에 해석하는 데 어려움을 겪게 된다는 사실을 잊지 말아야 할 것이다. 연구모델이 어느 정도 구체화되면 연구자는 연구모델에 기초하여 연구가설을 설정할 수 있다.

(3) 제3단계 _ 경로도형 구축

경로도형 구축 단계는 연구자가 자료 파일을 불러온 상태에서 구조방정식모델 분석 패키지를 이용하여 분석을 하기 위한 시작 단계를 말한다. 연구자는 구조방정식 패키지를 오픈한 상태에서 미적 감각을 동원하여 연구모델을 그려야 할 것이다. 구조방정식 패키지를 이용하여 분석한 연구자의 질문에 답해주기 위해서 경로도형 모델을 파일로 받아보는 경우 너무 복잡하고 자신만 알 수 있게 표시하는 것을 종종 보게 된다. 이러한 것은 경로도형의 구축에 있어 바람직한 방법이 아니다.

(4) 제4단계 _ 입력 유형의 선택

구조방정식모델 분석에 앞서 자료를 입력하는 방법은 크게 SPSS나 Excel에서 원자료 입력, 공분산행렬 입력, 그리고 상관행렬 입력 등이 사용된다.

원자료 입력: SPSS상에서의 원자료 입력은 대부분 연구자에게 익숙한 방법이다. SPSS상에 원천 자료를 입력하여 Amos 패키지를 이용하여 분석하는 방법으로 가장 간편한 방법이 될 수 있다. 그러나 무응답치가 있는 경우 약간의 주의가 요망된다. 무응답치가 있는 경우는 공분산행렬이나 상관행렬로 변환을 시키는 것이 연구자 입장에서는 유리하다.

공분산행렬(비표준화 자료 입력): 구조방정식모델은 분산/공분산행렬을 이용할 수 있게 되어 있다. 따라서 분산/공분산행렬을 공변량 구조방정식이라고 부르기도 한다. 공분산행렬의 자료를 이용하면 상이한 연구에 대한 비교 목적과 미지수 계산에 보다 안정된 값을 제공하고, 구체적인 단위를 유지하기 위해서일 경우, 의사 전달에 효율성을 갖는다. 그러나 변수들 간의 단위가 다를 경우 효과의 비교가 용이하지 않기 때문에 공분산 자료를 이용하지 않는다. 즉 측정 단위와 관련성이 없는 경우 미지수 해석을 위해서 공분산행렬을 이용한다. 연구자가 사용 변수의 고유 측정 단위를 없애기 위해서는 표준화나 상관 자료를 사용하게 된다.

상관행렬(표준화 자료 입력): 요인의 측정 단위가 회귀분석의 **베타값**(β)처럼 표준화되어 있어 분석 결과의 계수에 대한 상호 비교를 할 수 있다. 상관행렬은 측정 단위가 임의적이거나 측정 단위에 익숙해져 있지 않은 경우 또는 하나의 모델 내에서 상이한 변수들의 효과 크기 비교 시에 모든 변수에 대해서 표준화 자료를 사용한다. 구조방정식모델 분석을 위한 표본의 수는 학자마다 다르지만 100~200개 정도를 하는 것이 적당하다고 한다.

(5) 제5단계 _ 모델의 분석 및 모델의 인정 평가

① 모델의 분석 및 모델의 인정 평가

연구자는 구조방정식모델 분석 패키지를 이용하여 모델 분석을 실행한 후 모델의 인정 여부를 평가하게 된다. 이 단계가 모델의 분석과 모델의 인정 단계이다. **모델의 인정(model identification)**은 모델이 가치 있는 모델로 받아들여질지 여부를 평가하는 것을 말한다. 다시 말해서 모델이 수집된 자료에 적용해볼 수 있는지를 심사하는 과정이라고 할 수 있다. 모델의 인정 절차를 진행하다보면, 요인들 간의 모수들이 인정되는가 하면 인정되지 않은 경우도 있다. 구조방정식모델 분석에서 연구자는 측정모델의 신뢰성과 타당성을 높이기 위해서 모델의 수정 및 개발에 신경을 쓰게 된다. 사회과학에서 연구자는 전체적인 구조방정식모델을 생각하면서 모델이 적합한지 판단하게 된다. 이것을 앞에서 말한 **모델인정**이라고 한다. 모델의 인정 과정에서 문제점이 발생할 수 있는데 다음과 같다.

- 경로계수의 표준오차가 매우 큰 경우(일반적으로 2.5 이상인 경우를 말함)
- 오차의 분산이 마이너스(Negative Error Variance)이거나 추정치가 이상하게 큰 경우(Heywoodcase)
- 추정된 상관계수가 매우 큰 경우(1에 가까운 경우)

이러한 모델인정의 문제가 발생하는 경우 모델의 인정을 높이기 위한 전략으로는 다음과 같다.

- 변수 또는 요인 간에 불필요한 경로가 있으면 경로계수를 0으로 고정시킨다.
- 추정할 경로계수를 감소시켜서 자유도를 증가시킨다. 예컨대 두 요인 간의 상관 정도가 매우 큰 경우(0.9 이상인 경우) 서로 다른 방향으

로 화살표를 향하게 표시하는 동일화 제약(equalization)을 사용한다.

- 잠재요인의 오차분산을 고정시킨다(0.005 이하의 값으로 고정시켜 준다.).
- 문제가 있는 변수를 과감하게 제거한다.

위와 같은 인정을 높이기 위한 네 가지 조치들은 이론적인 배경이 있는 상태에서 가능하다고 할 수 있다.

② 모델의 종류

우리가 익숙한 조건문은 x → y로 나타낼 수 있다. 여기서 y는 필요조건이라고 한다. 모델의 인정을 조건문으로 나타내면 '모델인정 → 통계 결과'로 나타낼 수 있다. 이것은 모델로 인정받기 위해서는 통계 결과가 필요사항이 될 수 있다. 필요조건이 충족되면 모델로 인정받을 수도 있다.

구조방정식에서 모델이 인정을 받기 위한 필요조건은 정보의 수와 미지수를 비교하여야 한다. 여기서 자유도는 모델의 간명도를 설명하기 위하여 사용되는 모수의 수를 뺀 나머지로, 모수의 수가 적을수록 모델은 아주 간명함을 나타낸다.

$$\text{자유도} = \text{정보의 수} - \text{미지수(경로계수의 수)}$$

$$\text{여기서 정보의 수(p*)} = \frac{k(k+1)}{2}, \ k = \text{측정변수의 수},$$

$$\text{미지수(경로계수)} = \text{변수 간의 통계적인 인과관계를 밝혀냄.}$$

정보의 수를 알아보기 위해서 변수 3개(v1, v2, v3) 사이의 상관행렬로 나타내면 다음과 같다.

[그림 3-6] 정보의 수

	V_1	V_2	V_3
V_1	#		
V_2	#	#	
V_3	#	#	#

여기서 정보의 수(p*, #) $= \dfrac{K \times (K+1)}{2} = \dfrac{3(3+1)}{2} = 6$이다.

③ 모델의 적합성 평가

모델의 적합성은 모델과 실제 공분산 자료 사이의 일치성(consistency)의 정도 또는 일치도를 나타낸다. 즉 모델의 적합성 평가는 기본적으로 표본 자료의 특성(S)과 이론적 특성($\sum$)이 어느 정도 일치하느냐에 대한 적합도 판단 과정을 의미한다. 모델이 인정되기 위한 필요조건은 측정변수 x, y가 제공해주는 정보의 수가 추정되는 미지수(모수, 자유특징수라고도 함)의 수보다 많거나 같아야 된다. 이 경우를 **간명모델(overidentified model)**이라고 한다. 정보의 수보다 미지수의 수가 큰 경우를 **부정모델(unidentified model)**이라고 한다. 정보의 수와 미지수의 수가 같은 경우를 **포화모델(just-identified model or saturated model)**이라고 한다. 구조방정식 패키지는 모델인정 또는 부정모델의 신호를 통해서 모델인정 여부에 대한 정보를 제공해준다.

정리하면, 모델이 포화모델이나 간명모델의 가능성을 보이면 모델인정의 필요조건이 충족되어 **"모델인정의 가능성"**이 있다고 말할 수 있다. 실제로 모델로 인정받기 위해서는 필요충분조건을 만족해야 한다. 필요충분조건은 모델에 포함된 미지수 측정변수의 분산, 공분산행렬에 의해서 풀릴 수 있다는 것을 보여주어야 한다. 이러한 조건은 모델에서 취급하고 있는 모수의 수가 많아지면 대단히 어려워진다.

자유도(d.f): 정보의 수(s) - 미지수(t) = k(k + 1)/2 - t

간명모델: 정보의 수 > 미지수

부정모델: 정보의 수 < 미지수

포화모델: 정보의 수 = 미지수

구조방정식 관련 분석 프로그램에서는 자료를 입력하고 모델 구조를 입력한다. 여기서 관찰 자료는 독립적이며, 무작위적이고, 모든 관계는 선형 관계를 보여야 한다. LISREL 프로그램은 미지수의 계산 결과를 산출하고 모델 관련 평가 자료, 즉 적합도 평가를 출력한다. 구조방정식모델의 프로 그램에서는 위반 추정치가 발생하지 않을 경우 모델의 적합도 평가를 할 수 있다. 연구자는 적합도 관련 지수를 통해서 모델의 적합성 여부를 판단 하게 된다.

모델에 대한 적합성 평가는 공분산 구조모델이 가정에 얼마나 적합한가 를 살펴보는 절차라고 할 수 있다. 모델의 적합성의 평가는 기본적으로 **절대 적합지수(Absolute Fit Measures)**, **증분적합지수(Incremental Fit Measures)**, **간 명적합지수(Parsimonious Fit Measures)** 등을 이용한다. 이 지수들은 측정모 델의 신뢰성 분석과 타당성 분석에서 사용되고, 이론모델의 적합성을 판단하 는 주요 지표로 사용된다. 여기서는 해당 지수별 자주 사용되는 지수에 대하 여 설명하기로 한다.

■ 절대적합지수: 모델의 전반적인 적합도를 평가하는 지수

이 장에서는 모델의 적합도를 평가하는 데 사용되는 대표적인 지표 몇 가지만 언급하기로 한다.

χ^2**(카이제곱):** 자료가 정규분포를 보인다는 이론을 근거로 하여 모델의 완전 성, 모델이 모집단 자료에 완전하게 적합하다는 귀무가설을 검정한다. 앞에

서 언급한 것처럼 전반적인 모델의 적합도를 나타내는 데는 자유도와 χ^2을 함께 나타낸다. 만약 모델이 정확하게 구체화되고 자료의 분포 가정이 만족스럽다면 분석가들은 점증적인 카이제곱분포를 통해서 검정통계량을 사용할 수 있다. χ^2의 통계치가 크다는 것은 적합도가 나빠 연구모델이 통계적으로 기각될 가능성이 큼을 의미한다.

카이제곱값이 매우 크고 확률치가 매우 작을 경우에도 모델은 맞고 모델 검증 조건들이 모두 다 틀린 경우가 있을 수 있다. 연구자가 충분히 사전적인 지식과 이론 배경을 통해서 연구모델을 구축한 경우, 통계적인 결과치를 무조건 신뢰하여 무조건 모델을 버리는 것은 바람직하지 않다. 연구자는 카이제곱값이 나쁘게 나왔더라도 무조건 귀무가설을 기각하기보다는 개선의 여지를 파악하여야 할 것이다. 통계적으로 유의한 χ^2은 귀무가설을 기각해서 모델은 불완전하고 부적합하다는 가능성을 시사한다. 다음은 모델의 적합도에 대한 가설 설정을 나타낸다.

H_0 : 모델은 모집단 자료에 적합하다. 또는 $\sum = \sum(\theta)$

H_1 : 모델은 모집단 자료에 적합하지 않다. $\sum \neq \sum(\theta)$

여기서 $\sum$ = 모집단 공분산, $\sum(\theta)$ = 특정 모델에 의해서 제안된 공분산행렬을 의미함.

유의확률(sig.) $> \alpha = 0.05$인 경우에 귀무가설을 채택하여 모델은 모집단의 자료에 적합하다는 귀무가설을 채택하게 된다. 카이제곱을 통한 모델의 유의성 검정은 표본에 따라 민감하게 달라질 수 있어 실제 구조방정식과 다른 모델을 채택하거나 귀무가설을 기각시킬 수 있다. 카이제곱검정은 표본의 크기가 커지면 아주 작은 편차($S - \sum(\theta)$)도 통계적으로 유의해져 '모델이 적합하다'라는 귀무가설을 기각할 확률이 높아진다. 대안적으로 Q값을 사용하는 경우가 있다. 일반적으로 Q값이 3 이하인 경우를 모델이 적합한 것으로 판단한다.

$$Q = \frac{\chi^2}{df} \qquad\qquad \cdots\cdots(3\text{-}7)$$

적합도지수(GFI, Goodness of Fit Index 또는 $\widehat{r}$): 0.9 이상인 경우 좋은 모델로 판단함.

$$GFI = 1 - \frac{\text{오차변량}}{\text{전체변량}} \qquad\qquad \cdots\cdots(3\text{-}8)$$

$$\hat{r} = tr(\widehat{\sigma^T W \hat{\sigma}}/tr(S^T WS) \qquad\qquad \cdots\cdots(3\text{-}9)$$

여기서 tr = 트레이스(정방행렬일 때, 대각선 원소의 합)

$\quad\quad\quad\hat{\sigma}$ = 모수 추정치

$\quad\quad\quad T$ = 전치행렬

$\quad\quad\quad W$ = P*×P*의 가중치 행렬

$\quad\quad\quad S$ = 측정변수의 표준편차

GFI는 주어진 모델이 전체 자료를 얼마나 잘 설명하는지를 나타내는 지표로 회귀분석에서 다중상관치(R^2)와 관련이 있다. 즉 최소자승법에 의한 구조방정식의 결정계수라고 할 수 있다. 이 지표는 엄격하게 다변량 정규분포의 가정을 중시하는 카이제곱과 달리 다변량 정규분포의 위반에 별 영향을 받지 않는다.

조정된 적합지수(AGFI, Adjusted GFI): 0.9 이상

$$AGFI = 1 - \frac{(p+q)(p+q+1)}{2 \times df}(1 - GFI) \qquad\qquad \cdots\cdots(3\text{-}10)$$

여기서 p = 독립변수의 수, q = 종속변수의 수, df = 자유도

GFI는 자유도에 의해서 조정해준 것을 의미한다. 이것은 회귀분석의

조정된 결정계수로 생각하면 될 것이다.

　　몬테카를로 시뮬레이션 실험 결과, 앞의 GFI와 AGFI는 표본수에 따라 달라지는데, 소표본인 경우($n < 100$)는 값들이 작아지고 대표본인 경우($n > 100$)는 높아지는 것으로 나타났다.

평균제곱잔차제곱근(RMSR, Root Mean-Square Residual): 관찰행렬과 추정행렬 사이의 잔차평균으로 $0.05 \sim 0.08$ 이하이면 적당한 모델로 판단하면 된다. RMSR의 크기는 자료의 측정 단위에 의해서 좌우되는 성질이 있다.

■ **증분적합지수: 기초모델에 대한 제안모델의 적합도 평가**

　　증분적합지수는 **기초모델**(null model or independent model)과 **제안모델**(proposed model)의 비교를 통해 모델의 개선 정도를 파악하는 지수이다. 기초모델은 측정변수 사이에 공분산 또는 상관관계가 없는 모델로 독립모델이라고도 한다. 제안모델은 이론적인 배경하에서 연구자가 설정한 모델로 생각하면 될 것이다.

비표준적합지수(NNFI, Non-Normed Fit Index): Turker-Lewis Measure(TL)이라고도 한다. 이 지수는 분자인 기초모델과 제안모델의 차이를 분모인 기초모델에서 1을 차감한 비율로, 0.9보다 크면 잘 맞는 모델이라고 할 수 있다.

$$NNFI = \frac{\chi_0^2/df_0 - \chi_p^2/df_p}{\chi_0^2/df_0 - 1} \qquad \cdots\cdots(3\text{-}11)$$

　　여기서 χ_0^2, df_0는 기초모델의 카이자승치, 자유도, χ_p^2, df_p는 제안모델의 카이자승치, 자유도를 의미한다.

　　NNFI는 표본의 크기에 영향을 받지 않는 지수로 소표본에서도 대표본과 거의 비슷한 값을 보인다. 앞의 절대적합지수 계열의 GFI 또는 AGFI에서는 자유도를 이용하여 관찰행렬과 실제행렬 사이의 불일치를 최소화시킬수록 GFI나 AGFI 값이 작아지는 경향이 있으나, NNFI에서는 이러한 현상이 발생하지 않는다.

표준적합지수(NFI, Normed Fit Index): 표준화시킨 적합치로 0.9보다 크면 모델의 적합도에 만족한다고 할 수 있다. 표준적합지수는 소표본인 경우는 너무 작아지고 표본이 500 이상인 경우는 0.99 이상을 보이는 경향이 있다.

$$NFI = \frac{\chi_0^2 - \chi_p^2}{\chi_0^2} \qquad \cdots\cdots(3\text{-}12)$$

χ_0^2 = 기초모델의 카이자승치, χ_p^2 = 제안모델의 카이자승치

Delta 2: 기초모델과 목표모델의 차이를 평가하는 데 사용되는 지표를 말한다. Delta 2는 표본에 따라 값이 달라질 수 있는 NFI 값을 조정한 값으로 0.9 이상이면 적합하다. Delta 2는 기초모델과 표본에 따라 값이 크게 달라지지 않는 장점이 있다.

$$\text{Delta 2} = \frac{\chi_0^2 - \chi_t^2}{\chi_0^2 - df_t} \qquad \cdots\cdots(3\text{-}13)$$

χ_0^2 = 기초모델의 카이자승치, χ_t^2 = 목표모델의 카이자승치,

df_t = 목표모델의 자유도

■ **간명적합지수**

간명적합지수는 제안모델의 적합 수준, 즉 모델의 복잡성과 객관성의 차이를 비교하는 것을 말한다. 여기서 간명성(parsimony)이란 모델이 각 추정계수에 필요한 적합도에 최대로 도달하는 정도를 나타낸다.

PGFI(Parsimonious Goodness-of-Fit Index, 간명기초적합지수): 높을수록 우수한 모델임

$$PGFI = \left[2df/p(p+1)\right]GFI \qquad \cdots\cdots(3\text{-}14)$$

PNFI(Parsimonious Normed-of-Fit Index, 간명표준적합지수): NFI의 수정 지수로 적합모델에 도달하는 데 사용된 자유도로 계산된 지수를 말한다. 높을수록 우수한 모델임(권장 수준: 0.6 이상).

$$PNFI = \frac{df_p}{df_0} \times NFI \qquad \cdots\cdots(3\text{-}15)$$

AIC(Akaike Information Criteria): 0에 가까울수록 적합도가 우수하며 간명성이 높은 모델임.

$$AIC = T + 2r \qquad \cdots\cdots(3\text{-}16)$$

T = 평가모델의 검정통계량(χ^2)

r = 자유모수의 수

　　앞에서 언급한 몇 가지 지수에 대한 판단 기준은 학자마다 의견이 서로 다른 것이 사실이다. 앞의 기본적인 요건을 만족하지 못하는 경우 다음의 기준을 설정하는 것이 중요하다.

카이제곱: 제안된 모델의 적합도를 측정하기 위해서 χ^2를 이용한다. 이 지표는 사용된 표본의 크기에 영향을 받으며 어떠한 상황에서도 계산될 수 있다는 문제점을 보여주고 있다. 따라서 다음과 같은 지표를 사용한다.

카이제곱/자유도 비율(Q값): 이 지표는 자유도의 증감에 따른 χ^2 자료의 변화를 보여주는 것이다. 비율이 1에 가까울수록 제시된 모델과 자료 사이에 높은 적합도를 보여준다.

RMSR(Root-Mean-square residual): RMSR은 수집된 자료로부터 계산되는 공분산행렬을 가정한 공분산행렬과 비교하여 산출하는 분산-공분산행렬이다. 일반적으로 RMSR이 적을수록 제시된 모델이 주어진 자료에 적합되는 것을 의미한다. 이 지표는 서로 다른 모델들이 주어진 자료에 적합한 정도를 비교하기 위한 용도로 사용된다.

TLI(Tucker-Lewis Index): TLI는 NNFI라고도 부른다. TLI의 장점은 자료의 크기에 민감하지 않다는 것이다. 이것은 χ^2 지표의 문제를 보조할 수 있는 지표이다. TLI는 구조모델의 분산이 전체적인 분산에서 차지하는 비율과 흡사하다. 따라서 작은 숫자의 TLI는 수집된 자료에 제시된 모델이 잘 적합하는 것을 보여주는 것이다.

Delta 2: 표본의 수에 따라 값이 달라질 수 있는 NFI 값을 조정한 값으로 0.9 이상이면 적합하다. Delta 2의 값은 기초모델과 표본에 따라 값이 크게 달라지지 않는 장점이 있다.

　　지금까지 구조방정식모델의 적합도를 정리한다는 측면에서 구조방정식을 이용하여 평가하는 주요 이용 지수를 알아보았다. 이를 정리하면 다음과 같다.

[표 3-2] 적합도 판단지수

	적합지수	최악모델	최적모델
절대적합지수 계열	x^2 (카이자승통계량)	확률값 0.05 이하	0.05 이상 (확률치가 큰 경우)
	GFI (기초적합치)	0	1 (0.9 이상)
	AGFI (조정적합치)	0	1 (0.9 이상)
	RMR (원소 간 평균 차이)	0.05 이상	0.05 이하
증분적합지수 계열	NFI (표준적합지수)	0	1 (0.9 이상)
	NNFI (비표준적합지수)	0	1 (0.9 이상)

연구자가 기억해야 할 사항은 이러한 적합도 판단지수들은 확인적 요인분석과 구조방정식모델 분석에 동일하게 적용된다는 것이다.

자료를 분석하기 전에 설정한 경험 자료에 모델을 일차로 적용하면 그 모델의 적합도를 판단할 수 있다. 이때 그 모델이 경험 자료에 잘 적합하지 않을 경우 그 결과를 바탕으로 모델 찾기를 시작한다.

모델을 찾는 방법에는 **단일모델 전략**과 **복수모델 전략**으로 구분이 가능하다. 단일모델 전략은 하나의 가설을 하나의 자료에 적합시켜 잘 맞을 경우 잘 적합되는 모델을 구하는 것이고, 잘 안 맞을 경우 자료 분석에서 주어지는 세부적인 지수들의 해석 및 이론 개발에 도움이 되는 내용적 논의를 바탕으로 나은 모델을 찾아가는 것이다.

복수모델 전략은 두세 가지의 경쟁적인 가설을 세우고 각각의 자료에 적합시킨 결과를 가지고 평가하여 가장 적합한 모델을 선택하는 방법이다. 공분산 구조모델은 탐색적인 입장보다는 확인적인 입장에서 실시하는 접근으로 단일모델 전략에 비해 복수모델 전략이 우선되는 방법이다. 단, 이미 선행 연구가 이루어진 모델이나 반복 연구를 한다든지 이론적 구조가 충분하지 않은 주제에 대해서는 단일모델 전략을 사용할 수 있다.

모델의 수정이 모델 적합도의 개선을 가져올 수 있지만 모델의 간명성까지는 증가시켜주지는 못하며, 제안모델이 재설정될 만한 이론적인 지지를 발견하기란 쉽지 않다. 연구자는 연구모델을 설정함에 있어 이론적인 배경하에서 대체적인 제안모델을 염두에 두어야 한다. 모델의 재추정이나 모델 확장 또는 투입 행렬의 선택을 신중히 고려하는 것도 연구자가 기억해야 될 사항이다.

수정모델 및 제안모델의 적합도를 평가하기 위해서는 다음과 같은 표로 정리해 나타내는 것이 용이하다는 의견도 있다.

[표 3-3] 수정모델의 적합도 평가

모델	χ^2	df	확률값	Q	GFI	AGFI	RMR	NFI	NNFI	AIC
기초모델										
제안모델 1										
제안모델 2										
제안모델 1과 2의 비교										

$$Q = \chi^2/df$$

GFI = 기초적합지수

AGFI = 조정적합지수

NFI = 표준적합지수

NNFI = 비표준적합지수

RMR = 원소 간 평균 차이(표본공분산과 암시공분산과의 차이)

만약 연구자가 복수모델 전략으로 연구를 진행한다면 [표 3-3]을 이용한 수정모델 적합도 평가를 할 수 있다.

(6) 제6단계 _ 모델의 해석

모델의 적합도 지수에 의해서 모델의 적합도가 만족하는 모델을 선정한 후 연구자는 각 추정치에 대한 해석을 하고 결론을 논리적으로 도출한다.

(7) 제7단계 _ 최종모델 선택

앞에서 실시한 제1단계에서부터 제6단계까지를 거쳐 연구자는 최종모델을 선정한다. 이 모델은 연구자가 연구하는 관련 분야의 예측모델로 기여를 할 수 있을 것이다.

정리를 하면, 연구자가 수립한 연구모델에 대하여 구조방정식을 통해서 적합성을 판단하고 각 경로 간의 유의성을 판단하는 방법은 일반적으로 회귀분석의 절차와 동일하다고 볼 수 있다. 연구자는 회귀분석에서 분산분석표를 통해서 전체 추정회귀식의 유의성 여부를 판단한다. 그 다음으로 각 변수의 유의성을 판단하기 위해서는 t값이 ±1.96보다 큰지 작은지를 판단한다.

구조방정식모델 분석의 해석 방법은 회귀분석의 결과 해석 절차와 같다. 연구자는 먼저 절대적합지수와 증분적합지수를 통해서 연구자가 제시한 연구모델과 자료(표본)와의 적합성 여부를 판단한다. 그 다음으로 연구자는 각 요인 간의 경로 유의성을 판단하기 위해서 t값이 ±1.96보다 큰지 작은지를 판단한다.

[표 3-4] 연구모델의 판단 방법

회귀분석	내용	구조방정식모델 분석
F분포표, Sig $< \alpha = 0.05$	추정회귀식 유의성 및 적합성 판단	절대적합지수 증분적합지수
t값 $> \pm 1.96$	개별 경로의 유의성 판단	t값(또는 C.R.) $> \pm 1.96$

연습 문제

1. 구조방정식모델 분석에서 결과 해석 방법을 간단하게 정리하라.

2. 다음은 성공(Success)에 영향을 미치는 능력(Ability)과 열망(Aspiration)과의 관계를 구조방정식모델 분석 프로그램을 이용하여 분석한 결과이다.

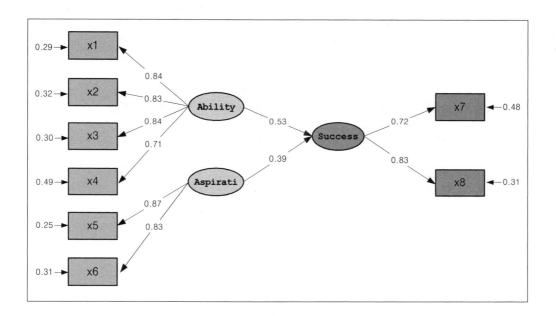

① 다음의 적합지수를 보고 전반적인 모델의 적합도를 판단하라.

Goodness of Fit Statistics
Degrees of Freedom = 17
Minimum Fit Function Chi-Square = 235.44 (P = 0.0)
Normal Theory Weighted Least Squares Chi-Square = 223.28 (P = 0.0)
Estimated Non-centrality Parameter (NCP) = 206.28
90 Percent Confidence Interval for NCP = (161.74 ; 258.28)

Minimum Fit Function Value = 0.42
Population Discrepancy Function Value (F0) = 0.37
90 Percent Confidence Interval for F0 = (0.29 ; 0.47)
Root Mean Square Error of Approximation (RMSEA) = 0.15
90 Percent Confidence Interval for RMSEA = (0.13 ; 0.17)
P-Value for Test of Close Fit (RMSEA < 0.05) = 0.00

Expected Cross-Validation Index (ECVI) = 0.47
90 Percent Confidence Interval for ECVI = (0.39 ; 0.56)
ECVI for Saturated Model = 0.13
ECVI for Independence Model = 8.13

Chi-Square for Independence Model with 28 Degrees of Freedom = 4495.94
Independence AIC = 4511.94
Model AIC = 261.28
Saturated AIC = 72.00
Independence CAIC = 4554.51
Model CAIC = 362.38
Saturated CAIC = 263.55

Normed Fit Index (NFI) = 0.95
Non-Normed Fit Index (NNFI) = 0.92
Parsimony Normed Fit Index (PNFI) = 0.58
Comparative Fit Index (CFI) = 0.95
Incremental Fit Index (IFI) = 0.95
Relative Fit Index (RFI) = 0.91

Critical N (CN) = 79.76

Root Mean Square Residual (RMR) = 0.047
Standardized RMR = 0.047
Goodness of Fit Index (GFI) = 0.91
Adjusted Goodness of Fit Index (AGFI) = 0.81
Parsimony Goodness of Fit Index (PGFI) = 0.43

② 다음 이론모델 분석 결과를 보고 요인별 유의성 여부를 해석하라.

Structural Equations

Success = 0.53*Ability + 0.39*Aspirati, Errorvar. = 0.29, $R^2 = 0.71$
(0.060)   (0.059)   (0.048)
8.78   6.75   6.00

04 잠재성장모델링 분석 Ⅰ
– AMOS 이용 방법

분석과 영감

Analytics: Science is analytical, descriptive, informative. Man does not live by bread alone, but by science he attempts to do so. Hence the deadliness of all that is purely scientific.

분석: 과학은 분석이고, 기술이며, 정보이다. 사람은 빵에만 의존하여 살 수 없으며 과학에 의해서 살아갈 수 있다. 모든 것은 순수과학과 결부된다.

에릭 길, 영국의 조각가

Inspiration: Just don't give up on trying to do what you really want to do. Where there is love and inspiration. I don't think you can go wrong.

영감: 당신이 진정으로 원하는 것을 얻기 위해 시도하는 것을 포기하지 말라. 사랑과 영감이 있는 한 당신은 잘못되지 않을 것이다.

엘라 피츠제럴드, 미국의 재즈 가수

학습 목표

1. 잠재성장모델링의 개념을 이해한다.
2. 다양한 잠재성장모델링 종류를 이해하고 차이점을 설명할 수 있다.
3. Amos를 이용하여 잠재성장모델을 분석할 수 있다.
4. 잠재성장모델링에 관한 분석 결과를 해석하고 전략적인 대안을
   제시할 수 있다.

4.1 ＞ 잠재성장모델링 개념 정리

우리는 어떤 주제든지 변화의 프로세스를 이해하기를 원한다. 우리는 어느 정도 변화하고 있는가? 우리는 호전되는가 아니면 악화되는가? 무엇이 얼마만큼 변화하는지 설명하는가? 무엇이 긍정적인 변화를 최적화하는가? 우리는 이러한 이슈들에 대하여 상이한 기간 동안 **공변량 효과**(covariates), **위험요인**(risk factor), **예방요인**(protective factors), **매개요인효과**(mediating effects), **주요효과**(main effects), **상호작용효과**(interaction effect) 등을 검정할 수 있다.

시간적인 흐름의 변화를 분석하는 방법에는 **잠재성장모델링**(Latent Growth Modeling), **계층선형모델링**(Hierarchical Linear Modeling), **일반복합모델링**(General Mixture Modeling), **일반측정방정식**(Generalized Estimating Equation), **탐색성장모델링**(Exploratory Grwoth Modeling) 등 다양하다. 최근의 분석 방법론에서는 정보기술과 통계분석 소프트웨어 프로그램의 발달로 잠재성장모델링이 앞에서 이야기한 분석 방법들을 포괄한다.

잠재성장모델링은 '변화'에 대해 분석할 수 있는 전문적인 방법이다. 잠재성장모델링은 **잠재성장곡선모델링**(Latent Growth Curve Modeling)이라고도 부른다.

잠재성장모델링은 세 번 또는 그 이상의 종단 자료(longitudinal data)나

패널 자료(panel data)에 대하여 집단 평균 또는 개인에 대한 변화량을 확인하는 연구 방법이다(Duncan et al., 1999). 잠재성장모델링은 앞에서 언급한 것처럼 몇 가지 목표를 갖는다.

- 무엇이 시간대별로 발생하였는가? 이 변화가 선형 변화인가 비선형적인 변화인가?
- 어느 시점에서 프로세스가 시작되는가? 무엇이 초기 수준(상수)인가?
- 프로세스 발달이 어떻게 진행되는가? 기울기가 가파른가 그렇지 않은가? 만약 비선형 변화라면 방향 변화가 있는가?
- 초기 수준(상수)은 무엇을 나타내는가?
- 성장률은 무엇을 설명하는가?
- 하나의 속성이 다른 변화율에 어떻게 영향을 미칠 것인가?

잠재성장모델링 분석 방법은 구조방정식모델(SEM, Structural Equation Modeling) 분석 방법을 따른다. 잠재성장모델링 분석에 사용되는 자료는 원천 자료 또는 공분산행렬 등이다.

잠재성장모델링은 기본적으로 2단계를 거쳐 분석한다. 1단계를 **비조건적 모델**(unconditional model) 분석 단계라고 부른다. 2단계를 **조건적 모델**(conditional model) 분석 단계라고 부른다(Kine, 1998).

[그림 4-1] 잠재성장모델링 분석 단계

잠재성장모델링과 구조방정식모델 분석

1단계인 비조건적 모델 분석 단계에서는 일정 기간 동안 발달곡선(종속변수 변화 추이)을 측정한 다음 각 개인의 반복측정치(repeated measures) 자료에 적합시킨다. 연구자는 비조건적 모델 분석을 통해서 평균 발달곡선의 초기치(intercept), 변화율(slope)을 구할 수 있다. 평균잠재성장모델링에서 각 변수의 분산(variance)은 개인에 있어서의 특정 시간에 대한 오차를 나타낸다.

2단계는 조건적 모델을 분석하는 단계이다. 이 단계에서는 원자료가 아니라 1단계에서 얻어진 잠재요인(latent factor)으로서의 초기치, 변화율을 다양한 예측요인들에 연결시켜 초기치에 영향을 미치는 요인들, 변화율에 영향을 미치는 요인들을 찾아낸다. 조건적 모델은 소위 변수의 조절적 효과를 검증하는 것이라고 할 수 있다.

측정된 동일 개인표본($i=1$에서 N)을 시간($t=1$에서 T)에 따라 반복측정한 변수 Y에 대한 변화모델에 관한 잠재성장모델링의 방정식을 나타내면 다음과 같다. 이 식은 모든 개인에게 동일하게 적용된다.

$$Y = \beta_{0i} + \beta_{1i}[t] + \epsilon \qquad\qquad \cdots\cdots(4\text{-}1)$$

여기서 β_{0i} = 개인 i의 초기상태, β_{1i} = 시간 변화에 따른 개인의 변화(변화율), $[t]$ = 성장의 모양이나 시간을 나타내는 변수이다. ϵ = 개인 i에 대한 시간 t에서 관찰되지 않은 오차를 나타낸다.

잠재성장모델링은 세 번 이상 측정한 종단 자료의 집단 평균 또는 개인 평균을 구하는 방법이다. 잠재성장모델링 방정식을 응용하여 다른 형태를 취할 수도 있다. 즉 기본계수를 특정값으로 놓고 변화에 대한 대립가설을 검증할 수 있다. 예를 들면 무변화모델은 위의 수식에서 변화율의 모든 요인계수를 0으로 놓고 검증하게 된다.

자료 상황에 따라 연구자는 2차함수에 의한 **비선형 잠재성장모델링(Non Linear Latent Growth Modeling)**을 추정할 수 있다. 이에 대한 방정식은 다음과 같이 나타낸다.

$$Y = \beta_{0i} + \beta_{1i}[t] + \beta_{1i}[t^2] + \epsilon \qquad \cdots\cdots(4\text{-}2)$$

정리하면, 잠재성장모델링 분석을 위해서는 **3회 이상**의 측정된 양적변수(등간척도, 비율척도)가 있어야 한다. 결과치는 측정 기간 동안 동일한 측정 단위를 가져야 한다. 또한 측정 시간대를 가져야 한다. 즉 측정에 참여하는 실험자에 대해서 측정은 동일한 시간 간격을 갖고 시행되어야 한다.

4.2.1 잠재성장모델링 종류

연구자는 잠재성장모델링의 유형을 통해 변화율과 변수 사이의 경로계
수를 달리 부여해야 한다. 이를 위해서 연구자는 측정 시기별 결과 변수의
전반적인 추이를 파악해야 한다. 잠재성장모델링에 관한 기존의 연구에 따
르면 자료의 성장 형태에 따라 대략 여섯 가지 유형으로 나눌 수 있다. 여
기서는 심리학 분야에서 자주 이용되는 자아존중감(self-efficacy, 여기서 x로
표시함)에 관한 내용을 주기별로 측정한 것을 예로 살펴본다(x1, x2, x3).

[그림 4-2] 변화모델 여섯 가지

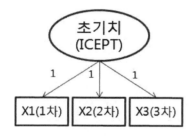

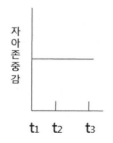

<모델 1> 무변화모델

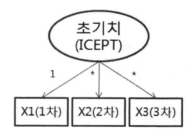

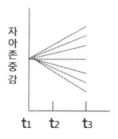

<모델 2> 1요인 자유모수 변화모델

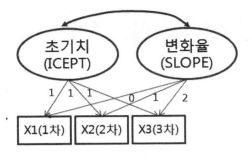

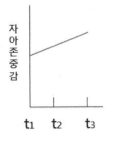

<모델 3> 선형 변화모델

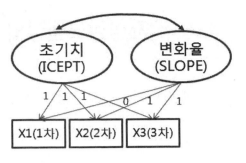

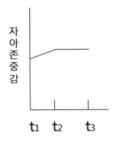

<모델 4> 2차년도 변화모델

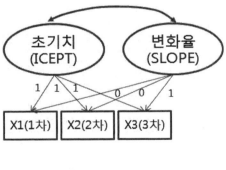

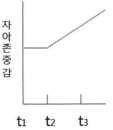

<모델 5> 3차년도 변화모델

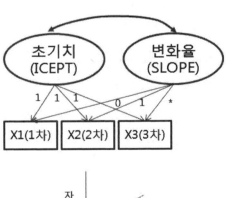

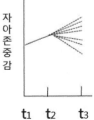

<모델 6> 2요인 자유모수 변화모델

무변화모델(모델 1)은 초기치만 있고, 변화율은 설정하지 않은 것으로 3년간 자아존중감의 변화가 유의미하지 않음을 가정한다.

1요인 자유모델(모델 2)은 무변화모델처럼 1개 요인만 있는 것으로 2차년도 3차년도 요인계수를 자유롭게 추정하도록 설정하여 다양한 변화를 보다 간명하게 파악하기 위한 모델이다. 여기서는 자유롭게 추정하도록 설정한 요인계수는 *(asterisk)로 표시하였다. 실제 경로도형 구축 시에는 문자로 표시하거나 명칭을 부여해야 한다.

선형 변화모델(모델 3)은 잠재성장모델의 가장 기본형으로 초기치와 변화율 2개의 잠재요인이 있는 것으로서, 연구자는 잠재요인의 초기치 요인계수를 모두 1로 고정한다. 초기치(intercept)는 프로세스 출발점의 초기 수준을 나타내는 것으로 상수(constant)라고도 부른다. 세 가지 수준에서 같은 값 1로 고정되는 이유는 자아존중감이 일정하기 때문이다.

변화율(slope)은 기울기를 의미한다. 만약 연구자가 3년간의 조사 자료에 대한 선형적인 변화를 가정한 모델을 설정하였을 경우, 연구자는 요인계수를 0, 1, 2로 고정하여 모델을 설정할 수 있다. 처음 수준인 x1주기에 요인계수가 0으로 입력된 이유는 초기 수준에는 성장이 없기 때문이다. 2주기(x2)는 첫 수준의 바로 다음 요인계수인 1(0+1)이다. 3주기(x3)는 2(1+1)이다.

또한 연구자는 변화율의 회귀계수를 첫 번째 경로는 0으로 시작해서 마지막 경로는 1로 설정을 할 수 있다. 예를 들어 다섯 기간에 걸쳐 조사된 자료인 경우 다섯 개의 회귀계수는 0, 0.25, 0.50, 0.75, 1.00으로 고정시킬 수 있다.

만약 비선형모델(nonlinear model) 중 변화율이 대표적인 2차함수(quadratic model)인 경우, 경로계수는 0, 1, 4로 고정한다. 이는 복잡한 성장모델을 가정하기 때문에 1차항의 제곱값을 계수로 지정한다(0^2, 1^2, 2^2).

2차년도 변화모델(모델 4)은 선형 변화모델과 요인구조는 같으나 변화율의 요인계수를 선형 모델처럼 설정하지 않고 0, 1, 1로 설정한다. 이 모델은 1주기와 2주기 사이에 자아존중감의 변화가 있으나 2차와 3차 주기 사이에는 자아존중감의 변화가 없을 것임을 가정한다.

3차년도 변화모델(모델 5)은 선형 변화모델과 요인구조는 같으나 변화율의 요인계수를 0, 0, 1로 설정한 것으로 이는 1차년도와 2차년도 사이에는 자아존중감의 실질적인 변화가 없고 2차년도에서 3차년도 사이에는 변화가 있다고 가정한 모델이다.

마지막으로 2요인 자유모수 변화모델(모델 6)은 다른 2요인 모델들(모델 3~5)과 요인구조는 동일하다. 여기서는 변화율의 1, 2차 요인계수는 각각 0, 1로 고정하지만 변화율의 3차년도 요인계수는 자유롭게 추정하도록 설정한 모델이다. 변화율의 1, 2차 주기 요인계수를 0, 1로 고정하는 이유는 일종의 기준 간격을 설정한 것으로, 1주기에서 2주기 사이의 변화를 1로 놓았을 때 2차 주기에서 3차 주기 사이의 변화의 크기를 측정하기 위한 것이다. 2요인 자유모수 변화모델은 변화율의 3차 주기 요인계수를 자유롭게 추정하므로 자료의 실제적인 변화에 가깝게 모델을 설정할 수 있는 장점을 갖는 반면, 자유도(df)가 줄어들어 모델의 간명성(parsimony)이 낮아지는 단점이 있다.

연구자는 다양한 잠재성장모델링 과정을 거쳐 최적모델을 도출한다. 다음 단계에서 발달 과정에 영향을 미치는 예측변수들(predictors)을 투입하여 예측요인을 규명하는 2수준 모델 분석 방법이 있다. 자아존중감의 초기치와 변화율을 각각을 종속요인으로 하고 성별, 연령 등의 요인을 설명변수로 투입하여 2수준 분석(또는 공변량 성장모델이라고도 함)을 실시할 수 있다. 이를 그림으로 나타내면 다음과 같다.

[그림 4-3] 잠재성장모델의 2수준 모델

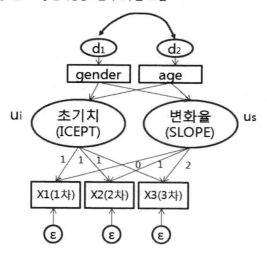

이론적인 지식과 경험적인 지식을 바탕으로 연구자는 **다변수 성장모델**
(MLGM, Multiple Indicator LGM)을 구축할 수 있다. 이는 소위 기본적인 구
조방정식모델과 성장모델의 **혼합모델(hybrid model)**이라고 생각하면 된다. 이
를 그림으로 나타내면 다음과 같다.

[그림 4-4] 다변수 성장모델(혼합모델)

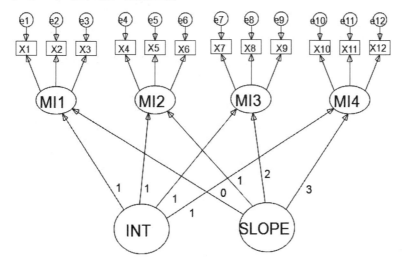

4.2.2 잠재성장모델링의 적합 여부 판정

    잠재성장모델링에서 연구모델의 적합도는 일반적으로 **절대적합지수(absolute fit index) 계열**인 χ^2 통계량, RMSEA(root mean square error of approximation)와 **증분적합지수(incremental fit index) 계열**인 NFI, CFI 등을 사용한다. NFI나 CFI는 0.9 이상이면 모델이 수용 가능하고 RMSEA는 0.05 이하이면 모델의 적합도가 매우 높은 것으로 판단할 수 있다.

4.3 〉 AMOS 예제 실행

AMOS 예제

교육 당국에서는 초등학생들의 반사회적 행동(antisocial behavior)과 독서(reading ability)에 대해 관심을 갖고 있다. 우선 교육 당국은 반사회적 행동이 학업 문제, 우울, 정신불안과 관련이 있을 것으로 판단하고 있다. 그래서 초등학생들의 반사회적 행동을 예방하고 치료 프로그램을 마련하는 전략을 강구하기로 한다.

교육 당국이 4주기에 걸쳐 조사한 변수명과 코딩 양식은 다음과 같다.

변수	변수 설명	무응답
id	표본수	무응답 없음
x1	아이의 반사회적 행동 1기	무응답 999
x2	아이의 반사회적 행동 2기	무응답 999
x3	아이의 반사회적 행동 3기	무응답 999
x4	아이의 반사회적 행동 4기	무응답 999
x5	읽기 인정점수 1기	무응답 없음
x6	읽기 인정점수 2기	무응답 999
x7	읽기 인정점수 3기	무응답 999
x8	읽기 인정점수 4기	무응답 999
gen	아이의 성별(여자 0, 남자 1)	무응답 없음
homecog	집안에서 인지적 격려	무응답 없음

[데이터] data.sav

4.3.1 비조건적 모델 분석

[1단계] 비조건적 모델을 구축하기 위해서 다음과 같은 순서로 진행한다.

Plugins...

Growth Curve Model

그러면 다음과 같은 화면을 얻을 수 있다.

[그림 4-5] 측정 횟수 지정 화면 1

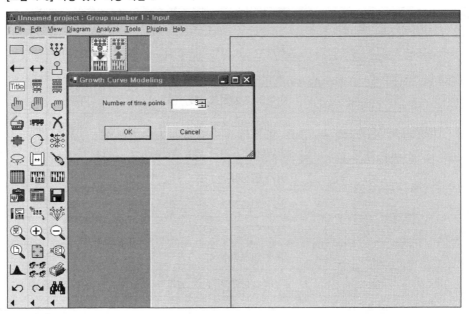

[2단계] Number of time points에 이 분석에 필요한 측정 횟수에 해당하는 숫자 '4'를 드롭 단추를 이용하여 입력한다.

[그림 4-6] 측정 횟수 지정 화면 2

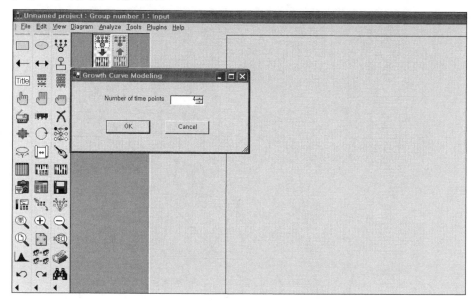

[3단계] 앞 화면에서 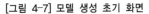 단추를 실행하면 다음과 같은 그림을 얻을 수 있다.

[그림 4-7] 모델 생성 초기 화면

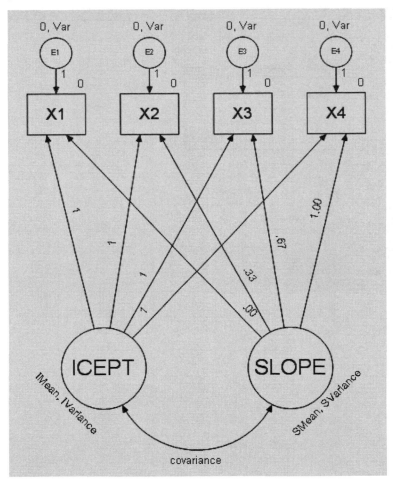

> **[그림 4-7] 설명**

상수항(ICEPT)과 연결된 x1변수를 기준으로 보면, 오차항( ) 상단에서 앞의 숫자 '0'은 평균, 뒤의 Var는 분산(Variance)을 나타낸다. 다른 변수의 경우는 앞의 설명과 동일하다.

X변수 상단에는 각각 '0'이라는 숫자가 자동 생성되어 있는데 이는 상수항(intercept)의 값이 0임을 의미한다.

상수항(ICEPT)에서 X1, X2, X3, X4 변수 방향으로 연결된 화살표(↑)는 비표준화된 요인적재량을 나타낸다. 여기서는 초기치이기 때문에 모두 '1'로 고정되어 있음을 확인할 수 있다.

기울기(SLOPE)에서 X1, X2, X3, X4 변수 방향으로 연결된 요인적재량은 (0, 0.33, 0.67, 1.00)으로 지정되어 있다. 여기서 연구자는 선형적인 증가 추세를 보기 위해서 0, 0.33, 0.67, 1.00으로 지정하는 방식이 아닌 0, 1, 2, 3으로 지정할 수 있다. 이는 주기마다 선형적인 증가를 가정하기 때문이다. 새롭게 요인적재량을 지정하는 방법은 다음 순서에서 설명하기로 한다. 여기서 0이 입력된 이유는 초기 수준에는 성장이 없기 때문이다.

상수항(ICEPT)의 왼쪽 하단에 나타난 IMean은 초기 지정요인인 상수항 평균을, IVariance는 분산을 나타낸다. 기울기(SLOPE) 요인에 나타낸 SMean은 기울기 평균, SVariance는 기울기의 분산을 나타낸다.

ICEPT(상수항)와 **SLOPE**(기울기) 사이에 연결된 covariance( )는 상수항과 기울기 사이의 공분산을 나타낸다.

[4단계] 기울기의 요인적재량을 변경한다. 기울기(SLOPE)와 X2변수 사이의 요인적재량을 변경하기 위해서 X2변수와 기울기(SLOPE) 사이의 적재치에 마우스를 올려놓고 오른쪽 마우스를 누른다. 그러면 다음과 같은 화면을 얻을 수 있다.

[그림 4-8] 요인적재치 변경 화면 1

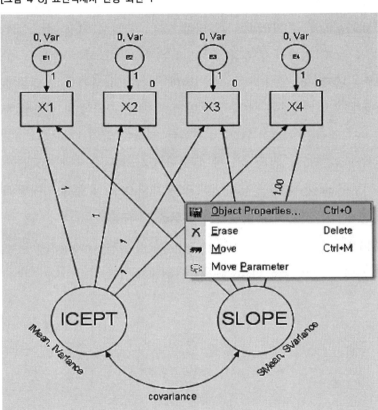

[5단계] 앞의 화면에서 Object Properties(Ctrl + O) 단추를 누른다. 그러면 다음과 같은 화면을 얻을 수 있다.

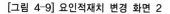
[그림 4-9] 요인적재치 변경 화면 2

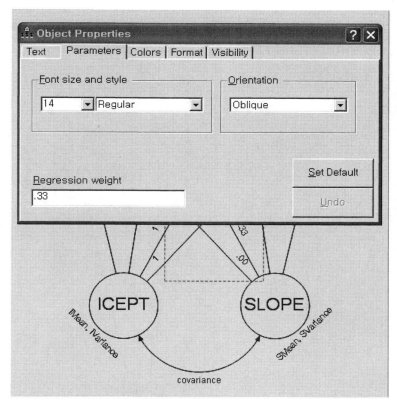

[6단계] 회귀계수(Regression weight)란에서 0.33을 지우고 숫자 1을 입력한다. 연속해서 X2, X3, X4 그리고 기울기(SLOPE) 간의 회귀계수인 수에 해당하는 2, 3을 차례로 입력한다. 그리고 닫기(❌) 단추를 누르면 다음과 같은 화면을 얻을 수 있다.

[그림 4-10] 요인적재치 변경 화면 3

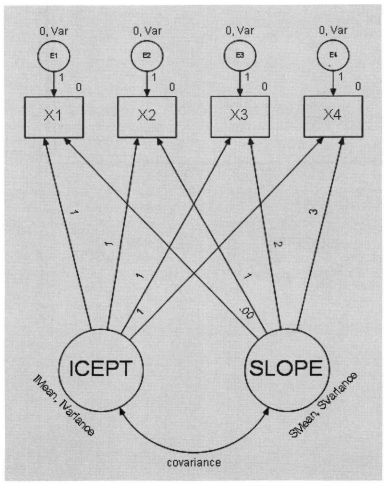

[데이터] unconditional.amw

[7단계] 하단에 주요 통계량의 타이틀을 달기 위해서 Title (Figure Caption) 단추를 누르고 다음 그림과 같이 입력한다.

[그림 4-11] 주요 통계량 제목 달기

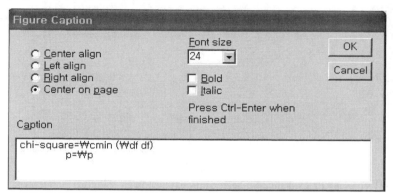

[8단계] 앞 화면에서 OK 단추를 누르고 연구자는 분석을 위해서 View ⟹ Analysis Properties ⟹ Estimation 단추를 누른다. 여기서 Estimate Mean and Intercept 단추가 지정되어 있는지 확인한다. Output란에서 예측값을 확인하기 위해서 implied moment 단추를 지정한다. 이 연구 과정에서는 초기 설정에 의해서 평균(Mean)과 상수항(Intercept)이 지정되어 있음을 확인할 수 있다.

[9단계] File ⟹ Save As 단추를 이용하여 파일명(예, unconditional.amw)으로 다음과 같이 저장한다.

[그림 4-12] 요인적재치 변경 화면 4

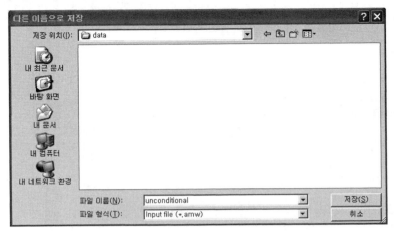

[10단계] File ⇒ Data Files를 눌러 data.sav 파일을 다음과 같이 지정한다.

[그림 4-13] 데이터 파일 연결

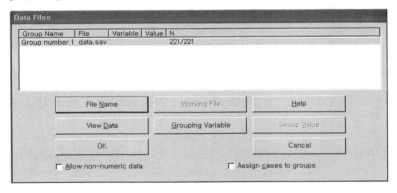

[11단계] 연구자는 데이터 파일을 지정한 다음 OK 단추를 누른다. Analyze ⇒ Calculate Estimate(Ctrl + F9) 단추를 눌러 Amos 프로그램을 실행한다. Amos 화면에서 결과 화면을 보기 위해서 단추를 누른다. 그러면 다음과 결과 물을 얻을 수 있다.

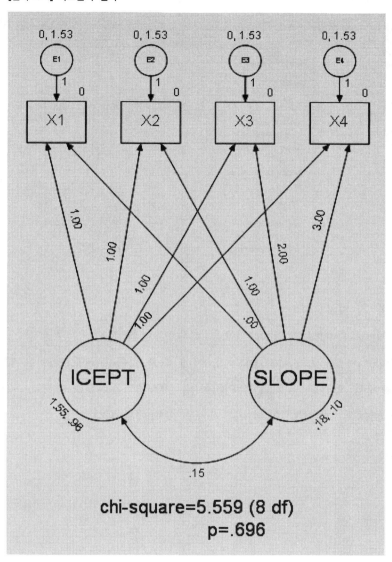

chi-square=5.559 (8 df)
p=.696

[결과 4-1] 설명

비표준화된 결과물을 살펴보면, 카이자승통계량(χ^2) = 5.559, 자유도(df) = 8이며, 이에 해당하는 유의확률(p) = 0.696 > α = 0.05이므로 귀무가설(H_0): '모델은 적합하다'를 채택하게 된다. ICEPT(상수항)와 SLOPE(기울기)의 공분산(covariance) 정도는 0.15임을 알 수 있다.

[결과 4-2] 모델의 적합도

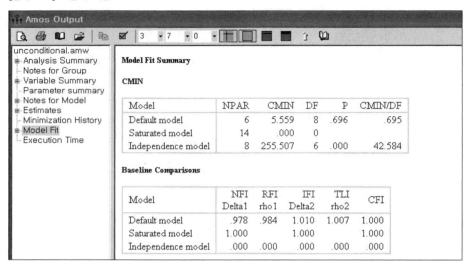

[결과 4-2] 설명

Amos Output ⇒ Model Fit을 클릭한 다음 얻은 결과물이다. 여기서 CMIN(χ^2) = 5.559, 자유도(DF) = 8, 이에 대한 확률(p)은 0.696임을 알 수 있다. 앞에서 언급한 것처럼 유의확률(p) = 0.696 > α = 0.05이므로 '귀무가설(H_0): 모델은 적합하다'라는 귀무가설을 채택하게 된다.

[결과 4-3] 비표준화 결과

Means: (Group number 1 - Default model)

	Estimate	S.E.	C.R.	P	Label
ICEPT	1.554	.096	16.163	***	IMean
SLOPE	.176	.043	4.128	***	SMean

Covariances: (Group number 1 - Default model)

	Estimate	S.E.	C.R.	P	Label
ICEPT <--> SLOPE	.150	.071	2.105	.035	covariance

[결과 4-3] 설명

ICEPT의 평균은 1.554, SLOPE의 평균은 0.176임을 알 수 있다. 두 요인 모두 $p = 0.000 < \alpha = 0.05$이기 때문에 95% 신뢰수준에서 유의한 것으로 나타났다. 이 결과를 이용하여 각 주기별 아이의 반사회적 행동을 예측하는 식을 나타내면 다음과 같다.

1주기 반사회적 행동 $= 1.554 + 0 \times 0.176 + 오차항 = 1.554 + 오차항$

2주기 반사회적 행동 $= 1.554 + 1 \times 0.176 + 오차항 = 1.730 + 오차항$

3주기 반사회적 행동 $= 1.554 + 2 \times 0.176 + 오차항 = 1.906 + 오차항$

4주기 반사회적 행동 $= 1.554 + 3 \times 0.176 + 오차항 = 2.082 + 오차항$

또한 ICEPT와 SLOPE 사이의 공분산은 0.150으로 $p = 0.035 < \alpha = 0.05$이므로 유의함을 알 수 있다.

[결과 4-4] 비표준화 결과

Implied Means (Group number 1 - Default model)

	X4	X3	X2	X1
	2.084	1.907	1.731	1.554

[결과 4-4] 설명

반사회적 행동에 대한 추정식을 토대로 계산된 예측평균(Implied Means)을 나타낸 것이다. 앞에서 설명한 것처럼 X4(4주기 반사회적 행동)는 다음과 같은 방법에 의해서 계산된 것이다.

4주기 반사회적 행동 $= 1.554 + 3 \times 0.176 + 오차항 = 2.082 + 오차항$

다른 주기의 값은 앞의 계산 방법을 확인하면 될 것이다.

4.3.2 비선형 성장모델

연구자가 구상한 연구모델이 **비선형모델(nonlinear growth model)**인 경우를 가정하고 Amos상에서 처리하는 방법에 대하여 알아보자. 여기서는 **2차식 모델(quadratic model)**을 중심으로 설명하기로 한다.

[1단계] Amos상에서 2차식을 만들기 위해서 앞에서 다룬 경로도형에 소위 2차항을 만든다. 여기서는 QUAD라고 명명하기로 한다. **2차항(QUAD)**에서 각 주기에 해당하는 변수 X1, X2, X3, X4에 경로계수를 연결한다.

[그림 4-14] 2차항 생성 작업 1

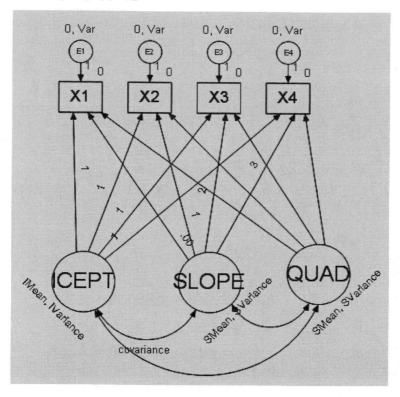

[2단계] 2차항(QUAD)과 각 변수 사이의 경로계수를 입력한다. 여기서는 경로계수값 0, 1, 4, 9를 차례로 입력한다. 이는 복잡한 성장모델을 가정하기 때문에 1차항의 제곱값을 계수로 지정한다(0^2, 1^2, 2^2, 3^2). 이 작업을 위해서는 해당 경로에 마우스를 올려놓고 마우스 오른쪽 버튼을 누른다. Object properties...(Ctrl + O)를 누른다. Parameter(모수) 창의 Regression Weight란에 해당하는 값을 입력한다. 이것을 그림으로 나타내면 다음과 같다.

[그림 4-15] 2차항 생성 작업 2

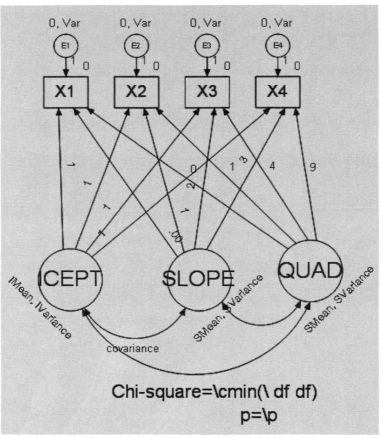

[데이터] quad.amw

[3단계] 구축된 경로도형의 파일명을 quad.amw로 저장한 후 앞에서 이용한 데이터(data.sav)를 연결한다. 그런 다음 Analyze ⇒ Calculate Estimate(Ctrl + F9) 단추를 눌러 실행한다. 그러면 다음과 같은 결과 화면을 얻을 수 있다.

[결과 4-5] 결과 화면

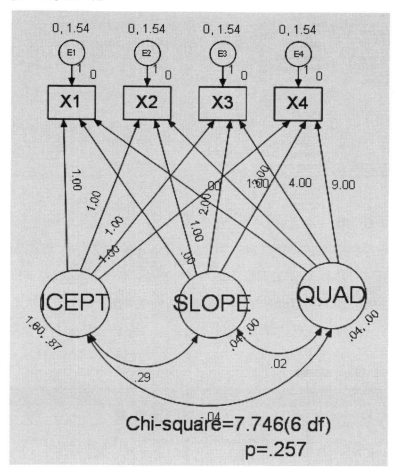

Chi-square=7.746(6 df)
p=.257

> **[결과 4-5]** 설명

비표준화된 결과물을 살펴보면, 카이자승통계량(χ^2) = 7.746, 자유도(df) = 6이며, 이에 해당하는 유의확률(p) = 0.257 > α = 0.05이므로 연구가설(H_0): '모델은 적합하다'를 채택하게 된다. ICEPT(상수항)와 SLOPE(기울기)의 공분산 정도는 0.29이다. ICEPT(상수항)와 QUAD(2차항)의 공분산 정도는 −0.04

이다. SLOPE(기울기)와 ICEPT(상수항)의 공분산 정도는 0.02이다.

[결과 4-6] 모델 적합도

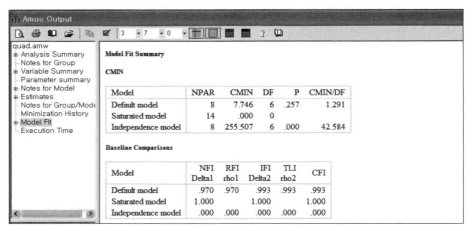

[결과 4-6] 설명

카이자승통계량(χ^2) = 7.746, 자유도(df) = 6이며 이에 대한 확률값이 0.257 임을 알 수 있다. 모델의 적합성을 판단하는 데 주로 사용되는 NFI(0.9 이상 이면 만족함) = 0.970, TLI(NNFI임, 0.9 이상이면 만족함) = 0.993, 그리고 CFI(0.9 이상이면 만족함) = 0.993으로 모델의 적합도는 우수한 것으로 판단할 수 있다.

[결과 4-7] 비표준화 회귀계수

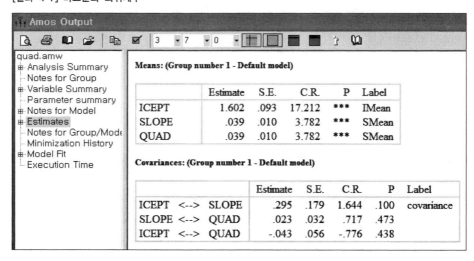

ICEPT의 평균은 1.602, SLOPE의 평균은 0.039, 그리고 2차항(QUAD)의 평균은 0.039임을 알 수 있다. 세 요인 모두 $p=0.000<\alpha=0.05$이기 때문에 95% 신뢰수준에서 유의한 것으로 나타났다.

이 결과를 이용하여 각 주기별 아이의 반사회적 행동을 예측하는 식을 나타내면 다음과 같다.

1주기 반사회적 행동 $= 1.602+0×0.039+0×0.039+$오차항 $= 1.602+$오차항

2주기 반사회적 행동 $= 1.602+1×0.039+1×0.039+$오차항 $= 1.680+$오차항

3주기 반사회적 행동 $= 1.602+2×0.039+4×0.039+$오차항 $= 1.836+$오차항

4주기 반사회적 행동 $= 1.602+3×0.039+9×0.039+$오차항 $= 2.070+$오차항

[결과 4-8] 예측공분산과 예측평균

Implied Covariances (Group number 1 - Default model)

	X4	X3	X2	X1
X4	4.255			
X3	2.288	3.527		
X2	1.839	1.650	2.955	
X1	1.364	1.287	1.123	2.415

Implied Means (Group number 1 - Default model)

X4	X3	X2	X1
2.075	1.838	1.680	1.602

Group number 1

Default model

[결과 4-8] 설명

반사회적 행동에 대한 주기별 예측공분산의 값이 나타나 있다. X4-X4의 공분산은 4.255임을 알 수 있다.

앞의 추정식를 토대로 계산된 **예측평균(Implied Means)**을 나타낸 것이다. 앞에서 설명한 것처럼 X4(4주기 반사회적 행동)는 다음과 같은 방법에 의해서 계산된 것이다.

$$\text{4주기 반사회적 행동(X4)} = 1.602 + 3 \times 0.039 + 9 \times 0.039 + \text{오차항} = 2.070 + \text{오차항}$$

다른 주기의 값은 앞의 계산 방법을 확인하면 될 것이다.

4.3.3 공변량 성장모델

【연구 상황】

연구자는 초등학생의 반사회적 행동이 성별(gen), 가정에서의 인지적 격려 (homecog) 여부에 의해서 어떻게 변화하는지에 관해 관심을 갖고 있다고 가 정하자. 또한 이에 대한 선행 연구가 많이 있다고 하자. 앞에서 사용한 221 명의 초등학생을 대상으로 4주기 동안에 평가한 자료를 이용하자. 성별(gen) 변수는 여성은 0, 남성은 1로 코딩을 하였다. 가정에서의 인지적 격려 (homecog)는 1점에서 15점 사이의 범위값을 선택하도록 하였다.

[1단계] 앞에서 구축한 비조건적 모델(파일명: unconditional.amw)을 불러온다.

[그림 4-16] 모델 불러오기

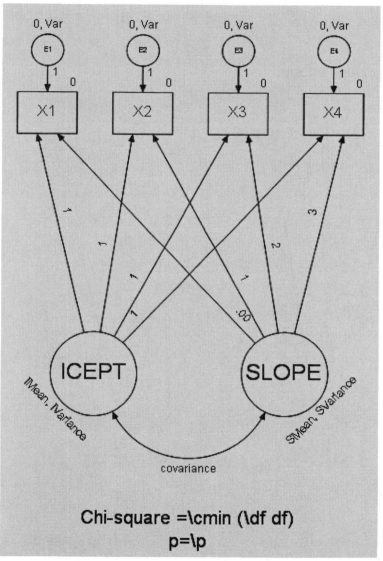

[데이터] unconditional.amw

[2단계] 불러온 경로도형에서 ICEPT와 SLOPE의 공분산 표시(↔)를 제거한다. 이를 위해서는 파레트 판에서 마우스로 ✗(Delete 키)를 지정한 후 ICEPT와 SLOPE 사이에 연결된 공분산 표시를 지울 수 있다. 이를 그림으로 나타내면 다음과 같다.

[그림 4-17] 공분산 표시 제거

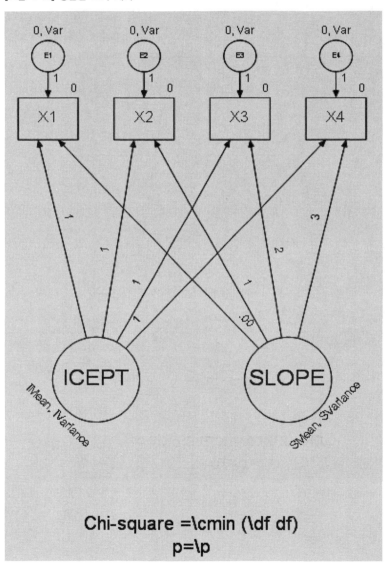

[3단계] 두 개의 공변수 성별(gen)과 가정에서의 인지적 격려(homecog) 변수를 입력하기 위해서 파레트 판에서 ▦(List variables in data set) 단추를 누른다. 그러면 다음과 같은 화면을 얻을 수 있다.

[그림 4-18] 변수 표시 창

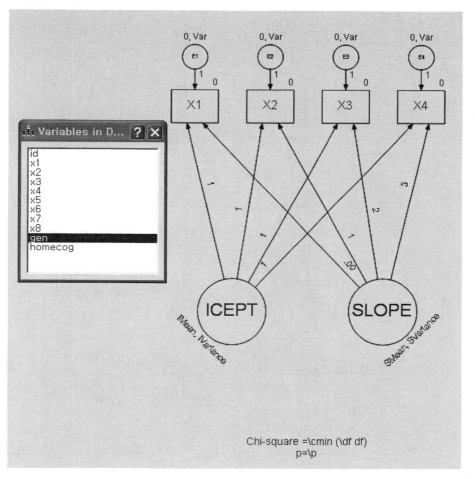

[4단계] 변수 표시 창(Variables in Dataset)에서 gen(성별), homecog(가정 내 지원) 변수를 차례로 지정한 후 경로도형에 옮긴다. 그러면 다음과 같은 화면을 얻을 수 있다.

[그림 4-19] 변수 삽입 창

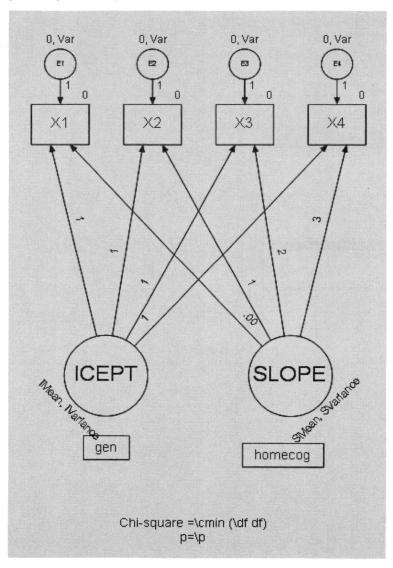

[5단계] 마우스로 IVariance와 SVariance를 제거한 다음, 파레트 판에서 ←
(Draw Path) 단추를 눌러 ICEPT와 SLOPE에 연결한다. 그러면 다음과 같은
화면을 얻을 수 있다.

[그림 4-20] 경로계수 연결

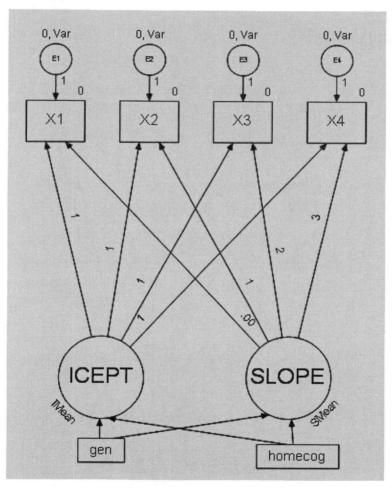

[6단계] gen(성별) 변수와 homecog(가정 내 지원) 변수에 오차항을 삽입한다. 오차항을 입력하기 위해서는 파레트 판에서 오차항(🔏) 표시를 누른다. 오차항 표시가 활성화된 상태에서 gen 변수에 마우스를 올려놓고 마우스 왼쪽 버튼을 누른다. 마우스를 연속적으로 누르면 적당한 위치에 자리하게 된다. homecog 변수에 대한 오차항 삽입은 앞과 동일한 순서를 거치면 된다.

[그림 4-21] 오차항 삽입

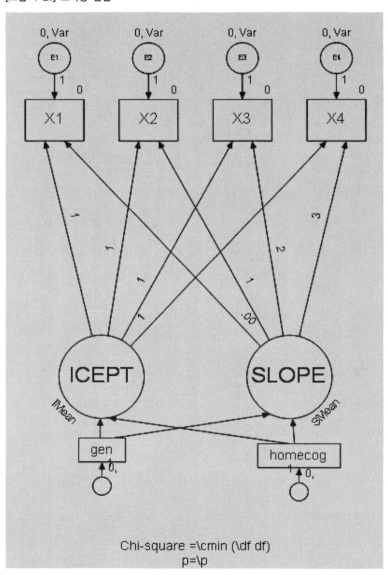

[7단계] 오차항에 명칭을 부여하기 위해서 Plugins 메뉴 창을 이용한다. Plugins 메뉴 창의 Name Unobserved Variable 단추를 누르면 다음 그림과 같이 오차변수명(e5, e6)이 자동적으로 생성되는 것을 확인할 수 있다.

[그림 4-22] 오차항 변수 삽입

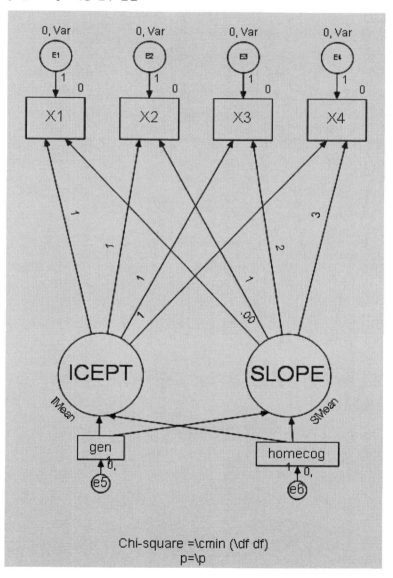

[8단계] 오차항 간 공분산(↔)으로 연결한다. 이는 시계열 자료이기 때문에 오차항 간의 상관성이 있을 것을 가정하기 때문이다. 이것을 그림으로 나타내면 다음과 같다.

[그림 4-23] 오차항 간 공분산 연결

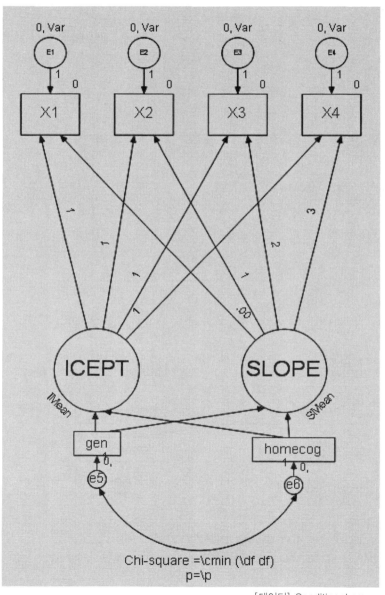

[데이터] Conditional.amw

[9단계] ICEPT와 SLOPE에도 오차항을 삽입한다. 그리고 오차항 명칭을 각
각 e7, e8로 입력한다.

[그림 4-24] 오차항 삽입하기

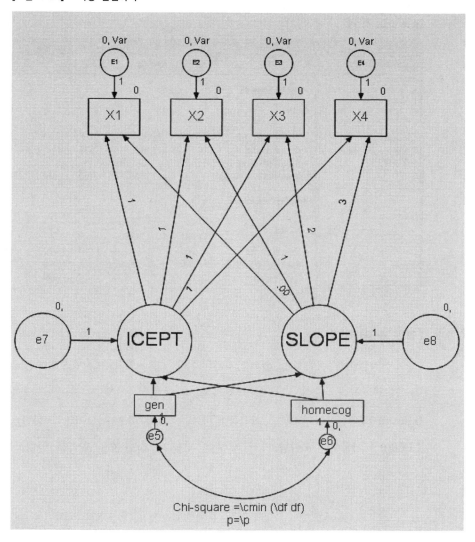

[10단계] 구축된 경로도형의 파일명을 conditional.amw로 저장한 후 앞에서 연결한 데이터(data.sav)를 연결한다. 그런 다음 Analyze ⇒ Calculate Estimate (Ctrl + F9) 단추를 눌러 실행한다. 그러면 다음과 같은 결과 화면을 얻을 수 있다.

[결과 4-9] 적합도

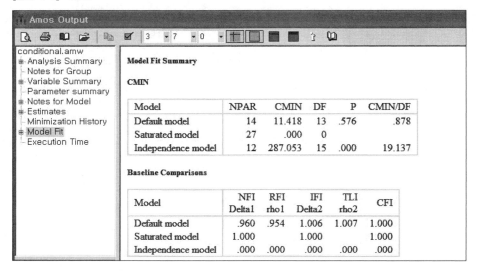

Model Fit Summary

CMIN

Model	NPAR	CMIN	DF	P	CMIN/DF
Default model	14	11.418	13	.576	.878
Saturated model	27	.000	0		
Independence model	12	287.053	15	.000	19.137

Baseline Comparisons

Model	NFI Delta1	RFI rho1	IFI Delta2	TLI rho2	CFI
Default model	.960	.954	1.006	1.007	1.000
Saturated model	1.000		1.000		1.000
Independence model	.000	.000	.000	.000	.000

[결과 4-9] 설명

χ^2(CMIN) = 11.418, df = 13이고 이에 대한 확률(P) = 0.576 > α = 0.05임을 알 수 있다. 또한 모델의 적합도를 판단하는 지표를 살펴본 결과 NFI = 0.960(0.9 이상이면 적합함), NNFI(TLI) = 1.007(0.9 이상이면 적합함), CFI = 1.000(0.9 이상이면 적합함)이기 때문에 모델은 적합함을 알 수 있다.

[결과 4-10] 비표준화 회귀계수

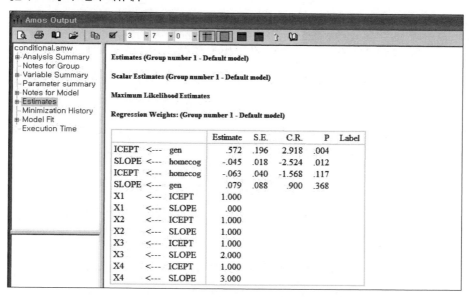

Amos Output

conditional.amw
- Analysis Summary
- Notes for Group
- Variable Summary
- Parameter summary
- Notes for Model
- Estimates
- Minimization History
- Model Fit
- Execution Time

Estimates (Group number 1 - Default model)

Scalar Estimates (Group number 1 - Default model)

Maximum Likelihood Estimates

Regression Weights: (Group number 1 - Default model)

			Estimate	S.E.	C.R.	P	Label
ICEPT	<---	gen	.572	.196	2.918	.004	
SLOPE	<---	homecog	-.045	.018	-2.524	.012	
ICEPT	<---	homecog	-.063	.040	-1.568	.117	
SLOPE	<---	gen	.079	.088	.900	.368	
X1	<---	ICEPT	1.000				
X1	<---	SLOPE	.000				
X2	<---	ICEPT	1.000				
X2	<---	SLOPE	1.000				
X3	<---	ICEPT	1.000				
X3	<---	SLOPE	2.000				
X4	<---	ICEPT	1.000				
X4	<---	SLOPE	3.000				

[결과 4-10] 설명

성별(gen)로부터 초기 상수(ICEPT) 간의 회귀계수는 0.572이다. C.R값 (Estimate/S.E.)＝0.2918이다. 이 값이 ±1.96보다 크기 때문에 초기 상수값에 유의한 영향을 미치는 것으로 나타났다($p=0.004 < \alpha = 0.05$). 즉 남자아이가 여자아이에 비해 반사회적 행동이 높음을 알 수 있다.

가정 내 지원(homecog)과 기울기(SLOPE) 간 회귀계수는 −0.045로 $\alpha=0.05$ 에서 유의함을 알 수 있다($p=0.012 < \alpha = 0.05$). 이는 가정 내 지원(homecog)이 클수록 아이의 반사회적 행동의 기울기(SLOPE)값이 줄어든다는 것을 나타 낸다. 즉, 가정 내의 지원(homecog)이 클수록 아이의 반사회적 행동은 0.045 만큼씩 감소하는 것을 알 수 있다.

가정 내 지원(homecog)과 상수항(ICEPT) 간의 회귀계수는 −0.063으로 $\alpha=0.05$ 에서 유의하지 않음을 알 수 있다.

성별(gen)로부터 기울기(SLOPE) 간의 회귀계수는 0.079이다. C.R값 (Estimate/S.E.)＝0.90이다. 이 값은 ±1.96보다 작아 유의하지 않음을 알 수 있다($p=0.9 > \alpha = 0.05$).

여기서 연구자는 다음과 같은 연구 결과를 얻을 수 있다. 초기값에 영향을 주는 변수는 성별(gen)이다. 따라서 남학생이 초기값이 큰 것을 알 수 있다(p＝0.004＜α＝0.05). 기울기에 영향을 주는 유의한 변수는 가정 내 지원(homecog)으로, 가정 내 지원이 1단위 증가하면 기울기는 0.045만큼 줄어드는 것을 알 수 있다(p＝0.012＜α＝0.05).

연구자는 또한 다음과 같은 추정회귀식을 얻을 수 있다.

$$\text{ICEPT} = 0.572 \times \text{gen} + (-0.063 \times \text{homecog}) + \text{오차항}$$
$$\text{SLOPE} = 0.079 \times \text{gen} + (-0.045 \times \text{homecog}) + \text{오차항}$$

$$\text{1주기 반사회적 행동(X1)} = (1 \times \text{ICEPT}) + (0 \times \text{SLOPE}) + \text{오차항}$$
$$\text{2주기 반사회적 행동(X2)} = (1 \times \text{ICEPT}) + (1 \times \text{SLOPE}) + \text{오차항}$$
$$\text{3주기 반사회적 행동(X3)} = (1 \times \text{ICEPT}) + (2 \times \text{SLOPE}) + \text{오차항}$$
$$\text{4주기 반사회적 행동(X4)} = (1 \times \text{ICEPT}) + (3 \times \text{SLOPE}) + \text{오차항}$$

[결과 4-11] 예측치

Implied Means (Group number 1 - Default model)

homecog	gen	X4	X3	X2	X1
9.100	.525	2.084	1.907	1.731	1.554

[결과 4-11] 설명

앞의 추정회귀식을 이용한 평균 예측치가 각각 나타나 있다.

4.3.4 성장의 형태를 알 수 없는 분석

연구자는 특정 경로에 대한 기존 문헌이나 경험적인 사실에 근거한 성장의 형태를 발견하지 못하였을 경우 자유롭게 경로를 터줄 수 있다. 예를 들어 기울기(SLOPE)에서 X3, X4의 성장 형태를 알 수 없다면 모수치를 임의로 설정(여기서는 a, b)하거나 지정하지 않아도 된다. 이를 그림으로 나타내면 다음과 같다.

[그림 4-25] 자유성장모델

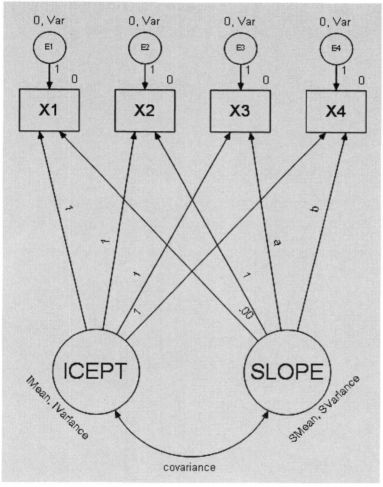

[데이터] noinformaton.amw

연습 문제

1. 한 분야에서 전문가가 되려면 3,000권의 책을 읽어야 한다는, 아니면 책 1톤 이상(1권 평균 500g 기준 2,000권)을 읽어야 한다는 말이 있다. 다음은 예비 사회인인 대학생 40명의 독서량을 조사한 자료이다. 조사 내용은 학생들이 전문가가 되기 위한 열정(passion) 정도(10점 만점 기준)와 1개월(x1), 3개월(x2), 5개월(x3), 7개월(x4)에 걸친 독서량에 관한 것이다.

passion	x1	x2	x3	x4
2	1	2	2	2
5	3	3	2	3
6	4	4	4	5
10	5	5	5	6
2	1	1	3	3
2	1	1	1	1
1	1	1	1	2
4	2	2	2	2
6	3	3	3	5
6	3	3	4	4
7	2	3	2	3
3	2	2	2	4
5	3	3	4	4
5	1	2	1	3
3	1	2	2	4
4	2	2	2	2
5	2	3	2	2
6	4	6	4	5
7	5	5	5	4
3	2	2	2	2
4	2	3	4	3
3	1	2	2	4
3	2	3	3	3
2	2	2	3	2
4	4	2	4	4
3	2	3	3	3
2	5	4	4	5
4	5	5	5	5
5	5	4	5	5
5	6	6	3	4
3	2	2	2	3
2	4	4	4	4
2	4	4	3	3
3	4	3	4	4
2	4	3	4	3
3	2	2	2	2
2	3	4	4	4
3	4	4	3	5
1	1	1	2	3
5	2	3	3	3

[데이터] exch4.sav

① Amos 프로그램을 통해서 열정 정도에 따른 기간별 독서량의 변화를 분석해보자.

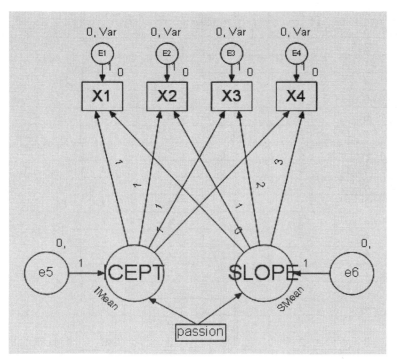

[데이터] exch4.amw

② 연구자가 ①의 결과를 통해서 알 수 있는 사실은 무엇인가? 각자 토론해보자.

05 잠재성장모델링 분석 Ⅱ
– LISREL 이용 방법

누구나 여러 과제와 문제에 부딪힙니다. 그러한 문제들은 단 한 번뿐이고 지나가버리는 것이지만 우리에게 삶 전체의 의미로 다가오지요. 이 문제들은 '해결되기' 위해 있는 것이 아니라 견디고 체험하기 위해 존재합니다. 그것들은 우리에게 주어진 고통이며, 고통은 살이 깎이는 고통스러운 길 위에서만 삶이 되고 기쁨이 되고 가치 있는 것이 됩니다.

– 헤세가 에두아르트 슈뢰더에게 보낸 편지에서

5.1 > LISREL의 역사

　　리스렐(LISREL, Linear Structural Relationship)은 구조방정식모델 분석을
위한 전문 프로그램으로 스웨덴 웁살라(Uppsala) 대학의 Jöreskog와 Söborm에
의해서 개발되었다. LISREL은 최초 3.0 버전을 시작으로 현재까지 8.8 버전
까지 개발되어 출시되고 있다. 다음 표는 LISREL의 버전별 특징을 정리한
것이다.

[표 5-1] LISREL의 버전별 특징

버전	출시년도	특징
3	1976	ML 추정법 이용
4	1978	다중집단분석 가능
5	1981	ML 추정법 이외 ULS, GLS 추정법 추가
6	1984	수정지수(M.I) 제공, 모델 수정 용이
7	1988	PRELIS 추가, WLS와 DWLS 추정법 추가
8	1993	경로도형 구축 가능, SIMPLES 추가, 능형옵션(ridge option) 추가
8.71	2000	복합자료 조사(Complex Survey Data), 다변량 질적자료 처리
8.8	2009	연구모델을 쉽게 그래픽 처리할 수 있음

LISREL은 행렬과 그리스로마 문자에 기초하여 구성된 프로그램이라서 초보자들이 사용하기에는 다소 어려웠던 것이 사실이다. 여러 차례의 프로그램 보강이 있은 이후 SIMPLIS의 개발로 행렬과 그리스로마 문자에 익숙하지 않은 사용자들도 쉽게 구조방정식모델 분석을 실행할 수 있게 되었다.

LISREL 프로그램에 대하여 보다 자세한 내용을 알고 싶은 독자들은 다음 사이트를 방문하여 확인하면 될 것이다. 평가판 프로그램을 제공하기 때문에 연구자는 수월하게 연습을 해볼 수 있을 것이다.

LISREL 홈페이지: http://www.ssicentral.com/

5.2 > LISREL을 이용한 잠재성장모델 분석

5.2.1 비조건 모델

[1단계] LISREL 프로그램을 작동한다. File ⇒ Syntax Only를 누르면 다음과 같은 화면을 얻을 수 있다.

[그림 5-1] LISREL 프로그램 초기 화면 1

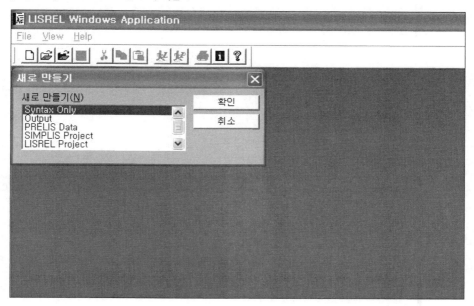

[2단계] Syntax Only를 지정하고 　확인　 단추를 누른다. 그러면 다음과 같은 화면을 얻을 수 있다.

[그림 5-2] LISREL 프로그램 초기 화면 2

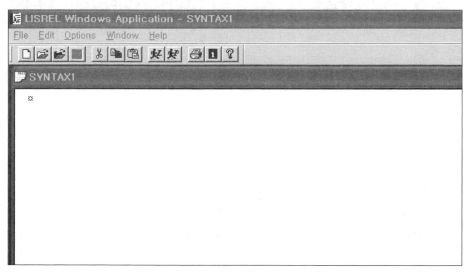

[3단계] 잠재성장모델에 관한 기본적인 예를 다뤄보기 위해서 다음과 같이
입력을 한다.

[그림 5-3] 잠재성장모델 기본 내용 입력

```
lgc.LS8

title: linear unconditional antisocial
Observed Variables
y1 - y4
Covariance Matrix:

0.855
0.473    0.82
0.408    0.524    0.871
0.300    0.446    0.496    0.761
Means:
1.788    2.102    2.347    2.737
Sample size = 118
Latent variables intcept slope
Relationships
y1 = 1*intcept 0*slope
y2 = 1*intcept 1*slope
y3 = 1*intcept 2*slope
y4 = 1*intcept 3*slope
Equal error variances: y1 - y4
Equation: intcept=const
Equation: slope=const
path diagram
Let the errors of intcept and slope correlate
End of Problem
```

[데이터] lgs.ls8

[4단계] 잠재성장모델을 분석하기 위한 명령문을 살펴보기로 하자.

[그림 5-4] 잠재성장모델 기본 내용 해석

```
①  Title: linear unconditional antisocial
②  Observed Variables
    y1 - y4
③  Covariance Matrix:
    0.855
    0.473    0.82
    0.408    0.524    0.871
    0.300    0.446    0.496    0.761
④  Means:
    1.788    2.102    2.347    2.737
⑤  Sample size = 118
⑥  Latent variables intcept slope
⑦  Relationships
    y1 = 1*intcept 0*slope
    y2 = 1*intcept 1*slope
    y3 = 1*intcept 2*slope
    y4 = 1*intcept 3*slope
⑧  Equal error variances: y1 - y4
⑨  Equation: intcept = const

    Equation: slope = const
⑩  path diagram
⑪  Let the errors of intcept and slope correlate
⑫  End of Problem
```

① **Title: linear unconditional antisocial**: 제목줄에 해당된다. 연구자는 원하는 내용을 자유롭게 입력하면 된다.

② **Observed Variables**: 관측변수를 입력하기 위한 명령문이다.

③ **Covariance Matrix**: 데이터의 입력 형태를 지정하는 창이다. Covariance Matrix는 공분산행렬, Correlation Matrix는 상관행렬을 나타낸다. 만약

연구자가 다른 경로에 저장되어 있는 원천 데이터를 불러들이기할 경우는 다음과 같은 명령어를 작성하면 된다.

예) 원천 데이터인 경우: raw data from file c:\gskim\2009\data\data.dat
　　 공분산행렬인 경우: Covariance Matrix from file c:\gskim\2009\data\cov.dat
　　 상관행렬인 경우: Correlation Matrix from file c:\gskim\2009\data\corr.dat

④ Means: 측정변수에 대한 평균값을 나타내는 명령어이다.

⑤ Sample size = 118: 표본수를 나타내는 명령어이다.

⑥ Latent variables intcept slope: 잠재요인(Latent Variables)에 해당하는 내용을 입력할 경우 사용하는 명령어이다. 여기서는 잠재요인이 초기값(Intercept), 기울기(Slope)임을 나타낸 것이다.

⑦ Relationships: 측정변수와 잠재요인 간의 관계를 나타내는 수식을 나타내는 명령어이다. 여기서는 모든 변수가 상수항은 1을, 기울기는 각각 0, 1, 2, 3, 4의 계수값을 갖는 것을 나타낸다.

$$y1 = 1 * intcept \quad 0 * slope$$
$$y2 = 1 * intcept \quad 1 * slope$$
$$y3 = 1 * intcept \quad 2 * slope$$
$$y4 = 1 * intcept \quad 3 * slope$$

⑧ Equal error variances: 측정변수에 발생하는 분산이 동일함을 나타낼 경우에 사용하는 명령문이다.

⑨ Equation: intcept = const, Equation: slope = const: 이 명령문은 초기값(intercept)과 기울기(Slope)가 상수(Constant)임을 나타내는 명령문이다.

⑩ path diagram: 이는 지금까지 나타낸 명령문이 정상적으로 입력이 된 경우, 결과를 도출하면서 그림으로 나타내기 위한 명령문이다.

⑪ Let the errors of intcept and slope correlate: 각 상수값(Intercept)과 기울기(Slope)가 오차항이 서로 관련성이 있는 경우를 연결하는 명령문이다.

⑫ End of Problem: 모든 문장이 끝남을 알리는 명령문이다.

[5단계] File ⇒ Save, Save As를 눌러 저장을 한다.

[그림 5-5] 잠재성장모델 저장

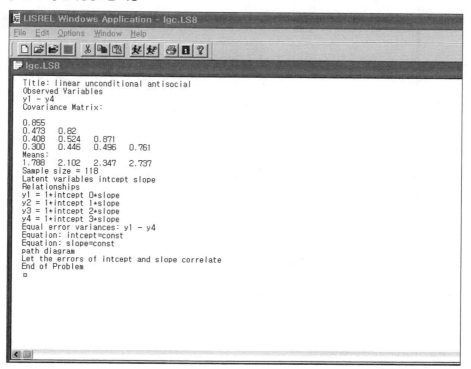

[데이터] lgc.ls8

[6단계] 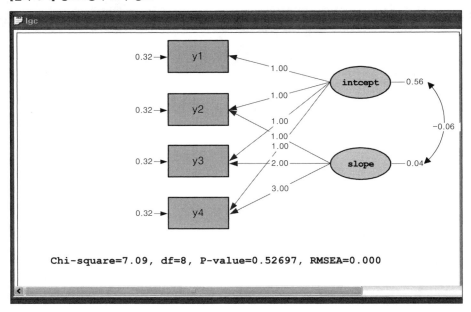(Run Lisrel) 단추를 눌러 결과물을 얻는다.

[결과 5-1] 경로도형과 요약 정보

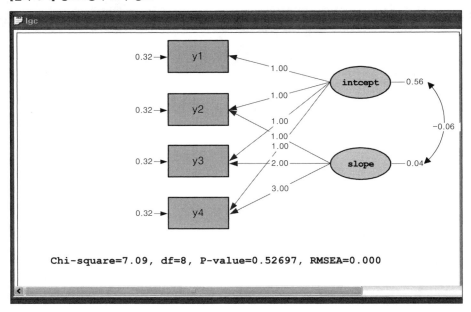

Chi-square=7.09, df=8, P-value=0.52697, RMSEA=0.000

> [결과 5-1] 설명

초기항(Intercept) 요인과 기울기(Slope) 요인을 구성하는 변수들과의 연결 상태가 나타나 있다. 초기항 요인과 기울기 요인의 오차분산의 관련성은 −0.06 임을 알 수 있다. 또한 $\chi^2 = 7.09$, df = 8, p = 0.52697 > α = 0.05이기 때문에 '모델은 적합하다'라는 귀무가설(H_0)을 채택하게 된다. RMSEA = 0.000(0.05 이하이면 적합함)이기 때문에 모델은 적합함을 알 수 있다.

[결과 5-2] 결과물 제목과 최대우도법

```
 lgc.OUT

    linear unconditional antisocial
    Number of Iterations =  1
    LISREL Estimates (Maximum Likelihood)
```

> ### [결과 5-2] 설명

　　이 분석에 해당하는 제목으로 'linear unconditional antisocial'이 나타나 있다. 또한 회전수(Number of Iterations)는 1임을 알 수 있다. 모수 추정 방법은 **최대우도법(Maximum Likelihood)**으로 계산되었음을 알 수 있다. 최대우도법이란 모집단의 확률밀도함수 f(x; θ)일 때 우도함수를 최대로 하는 θ값을 추정치로 정하는 방법을 말한다.

[결과 5-3] 변수 통계량

```
 y1 = 1.00*intcept, Errorvar.= 0.32  , R? = 0.64
                          (0.029)
                           10.82

 y2 = 1.00*intcept + 1.00*slope, Errorvar.= 0.32  , R? = 0.60
                                        (0.029)
                                         10.82

 y3 = 1.00*intcept + 2.00*slope, Errorvar.= 0.32  , R? = 0.59
                                        (0.029)
                                         10.82

 y4 = 1.00*intcept + 3.00*slope, Errorvar.= 0.32  , R? = 0.63
                                        (0.029)
                                         10.82
```

> ### [결과 5-3] 설명

　　각 변수에 해당하는 정보가 나타나 있다. y1변수는 기울기가 없는 식으로 나타나 있다. y1의 오차분산은 0.32이다. 결정계수(r^2)＝0.64임을 알 수 있다. LISREL 프로그램의 결과에서는 R?으로 나타난 것은 LISREL 프로그램 자체에서는 r^2을 구현하지 못하기 때문이다.

```
            Covariance Matrix of Independent Variables

                  intcept      slope
                 --------     --------
   intcept          0.56
                   (0.10)
                    5.35

    slope          -0.06        0.04
                   (0.03)      (0.01)
                   -2.01        2.76


            Mean Vector of Independent Variables

                  intcept      slope
                 --------     --------
                    1.78        0.31
                   (0.08)      (0.03)
                   21.82       10.33
```

[결과 5-4] 설명

각 요인별 공분산이 나타나 있다. Intercept와 Intercept 간의 공분산은 0.56이다. 표준오차는 0.10이다. 여기에 해당하는 t통계량은 $5.35(\frac{0.56}{0.10})$로 ±1.96보다 큼을 알 수 있다.

[결과 5-5] 적합지수

```
                    Goodness of Fit Statistics

                      Degrees of Freedom = 8
          Minimum Fit Function Chi-Square = 7.06 (P = 0.53)
 Normal Theory Weighted Least Squares Chi-Square = 7.09 (P = 0.53)
              Estimated Non-centrality Parameter (NCP) = 0.0
          90 Percent Confidence Interval for NCP = (0.0 ; 9.39)

                   Minimum Fit Function Value = 0.060
          Population Discrepancy Function Value (F0) = 0.0
          90 Percent Confidence Interval for F0 = (0.0 ; 0.080)
          Root Mean Square Error of Approximation (RMSEA) = 0.0
          90 Percent Confidence Interval for RMSEA = (0.0 ; 0.10)
            P-Value for Test of Close Fit (RMSEA < 0.05) = 0.71

             Expected Cross-Validation Index (ECVI) = 0.14
          90 Percent Confidence Interval for ECVI = (0.14 ; 0.22)
                   ECVI for Saturated Model = 0.17
                  ECVI for Independence Model = 1.82

 Chi-Square for Independence Model with 6 Degrees of Freedom = 205.37
                     Independence AIC = 213.37
                        Model AIC = 19.09
                     Saturated AIC = 20.00
                    Independence CAIC = 228.46
                       Model CAIC = 41.71
                     Saturated CAIC = 57.71

                  Normed Fit Index (NFI) = 0.97
                Non-Normed Fit Index (NNFI) = 1.00
               Parsimony Normed Fit Index (PNFI) = 1.29
```

　　이 모델 분석의 적합지수가 나타나 있다. 자유도(Degree of Freedom)＝8, 카이자승통계량(χ^2)＝7.06이다. 여기에 대한 확률값(p) 0.53 ＞ α ＝ 0.05이기 때문에 '모델은 적합하다'라는 귀무가설(H_0)을 채택하게 된다.

　　ECVI(Expected Cross-Validation Index)는 주어진 표본에 기초해서 검증되는 가설모델이 같은 크기의 다른 표본에 합치될 경우에 그 합치도가 어느 정도 될 것인가 기대되는 정도, 즉 모델의 교차 타당도의 기댓값을 나타낸다. 이 결과의 교차타당도는 0.14이다. 또한 RMSEA＝0.000(0.05 이하이면 적합함)이기 때문에 모델은 적합함을 알 수 있다.

　　증분적합지수에 해당하는 NFI(Normed Fit Index)＝0.97(0.9 이상이면 적합함), NNFI(Non-Normed Fit Index)＝1.00(0.9 이상이면 적합함)으로 적합한 모델임을 알 수 있다.

5.2.2 조건 모델

　　조건 모델은 **잠재요인(latent factor)**으로서의 초기치, 변화율을 다양한 예측요인들에 연결시켜 초기치에 영향을 미치는 요인들, 변화율에 영향을 미치는 요인들을 찾아낼 때 사용한다. 다음의 연구 사항을 통해서 LISREL을 이용한 분석 방법을 알아보자.

【연구 상황】

연구자는 청소년의 흡연 행위에 관심을 갖고 있다. 연구자는 성별(Gender, 1 = 남성, 2 = 여성), 나이(Age)에 따라 청소년의 흡연 행위가 어떻게 변화하는지 종단적인 조사를 실시하였다. 흡연 행위(cigs)는 1(전혀 피우지 않음), 2(과거 6개월 동안 피운 경험), 3(한 달에 4번 이하), 4(한 달에 5이상 29번 이하), 5(한 달에 30번 이상 피움)이다.

이 예제 내용은 http://www.unc.edu/~curran/example.htm의 내용을 일부 참고하였음을 밝힌다.

[1단계] 다음과 같이 LISREL 프로그램에 해당 변수들 간의 공분산행렬을 입력한다.

[그림 5-6] 조건적 경로모델

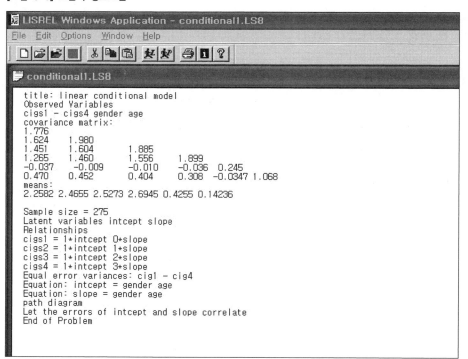

[데이터] conditional1.LS8

[2단계] 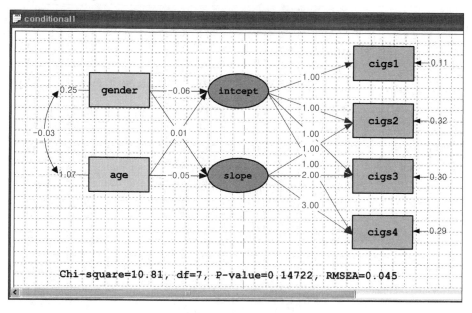(Run Lisrel) 단추를 누르고 실행한다. 그러면 다음과 같은 그림과 결과물을 얻을 수 있다.

[결과 5-6] 경로도형

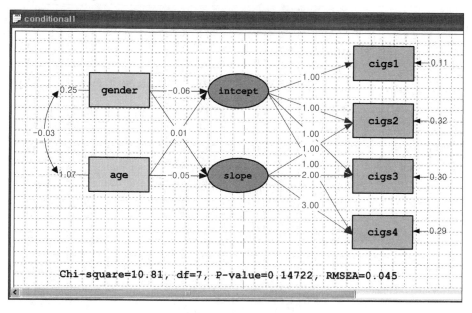

Chi-square=10.81, df=7, P-value=0.14722, RMSEA=0.045

[결과 5-6] 설명

초기항(Intercept) 요인과 기울기(Slope) 요인을 구성하는 변수들과의 연결 상태가 나타나 있다. 성별(gender) 변수와 연령(age) 변수 사이의 관련성은 -0.03 임을 알 수 있다. 또한 $\chi^2 = 10.81$, df = 7, p = 0.147 > $\alpha = 0.05$이기 때문에 '모델은 적합하다'라는 귀무가설(H_0)을 채택하게 된다.

[결과 5-7] 적합지수 1

```
                    Goodness of Fit Statistics

                      Degrees of Freedom = 7
              Minimum Fit Function Chi-Square = 10.34 (P = 0.17)
     Normal Theory Weighted Least Squares Chi-Square = 10.81 (P = 0.15)
                Estimated Non-centrality Parameter (NCP) = 3.81
                90 Percent Confidence Interval for NCP = (0.0 ; 16.87)
```

⊙ [결과 5-7] 설명

분석 결과를 살펴보면, $\chi^2 = 10.81$, df(Degrees of Freedom) = 7, p = 0.15 > $\alpha = 0.05$이기 때문에 '모델은 적합하다'라는 귀무가설(H_0)을 채택하게 된다.

[결과 5-8] 적합지수 2

```
                Normed Fit Index (NFI) = 0.99
            Non-Normed Fit Index (NNFI) = 0.99
        Parsimony Normed Fit Index (PNFI) = 0.46
              Comparative Fit Index (CFI) = 1.00
              Incremental Fit Index (IFI) = 1.00
               Relative Fit Index (RFI) = 0.98

                     Critical N (CN) = 490.68


          Root Mean Square Residual (RMR) = 0.049
                   Standardized RMR = 0.028
              Goodness of Fit Index (GFI) = 0.99
        Adjusted Goodness of Fit Index (AGFI) = 0.96
       Parsimony Goodness of Fit Index (PGFI) = 0.33
```

⊙ [결과 5-8] 설명

증분적합지수 계열에 속하는 NFI(Normed Fit Index, 0.9 이상이면 만족스러움)와 NNFI(Non-Normed Fit Index, 0.9 이상이면 만족스러움)는 각각 0.99, 0.99임을 알 수 있다. 또한 절대적합지수 계열인 RMR(0.05 이하이면 만족스러움)이 0.049, SRMR(0.05 이하이면 만족스러움)이 0.028, GFI(Goodness of Fit Index, 0.9 이상이면 만족스러움)가 0.99, AGFI(Adjusted Goodness of Fit Index, 0.9 이상이면 만족스러움)가 0.96으로 나타났다.

종합적으로 판단할 때, 이러한 결과는 이 연구모델 분석 결과 전체적으로 모델은 적합함을 나타낸다고 할 수 있다.

[결과 5-9] 구조모델

```
        Structural Equations

intcept =  - 0.063*gender + 0.45*age, Errorvar.= 1.49 , R? = 0.13
            (0.15)          (0.074)                 (0.14)
            -0.41            6.05                    10.66

  slope = 0.0067*gender - 0.046*age, Errorvar.= 0.081 , R? = 0.027
          (0.042)         (0.020)                 (0.013)
          0.16            -2.27                    6.32
```

[결과 5-9] 설명

Intecpt(상수항)=$-0.063 \times$ gender $+0.45 \times$ age로 설명력(R^2)은 13% 정도임을 알 수 있다. 여기서 성별 변수는 유의하지 않음을 알 수 있다(t=-0.41<±1.96). 그러나 나이는 상수값(초기값)에 유의한 영향을 미치는 것을 알 수 있다(t=6.05>±1.96).

Slope(기울기)=$0.0067 \times$ gender $-0.046 \times$ age로 설명력(R^2)은 2.7% 정도임을 알 수 있다. 여기서 성별 변수는 유의하지 않음을 알 수 있다(t=0.16<±1.96). 그러나 나이는 기울기에 유의한 영향을 미치는 것을 알 수 있다(t=-2.27>±1.96).

이 결과를 종합해 보면, 연령이 높아질수록 흡연율(slope)이 감소하는 것을 알 수 있다. 그러나 성별은 상수항이나 변화율에는 유의한 영향을 미치지 않음을 알 수 있다.

```
        Covariance Matrix of Independent Variables

                  gender          age
                 --------       --------
        gender     0.24
                  (0.02)
                  11.70

           age    -0.03          1.07
                  (0.03)        (0.09)
                  -1.12         11.70
```

[결과 5-10] 설명

성별(gender)과 연령(age) 변수 간 공분산행렬이 나타나 있다. 특히 성별과 연령의 공분산 정도는 -0.03으로 유의하지 않음을 알 수 있다(t=-1.12 <±1.96).

[결과 5-11] 잠재변수 간 공분산행렬

```
        Covariance Matrix of Latent Variables

                intcept     slope     gender       age
                --------   --------   --------   --------
    intcept       1.70
      slope      -0.13       0.08
     gender      -0.03       0.00       0.24
        age       0.48      -0.05      -0.03       1.07
```

[결과 5-11] 설명

변수(요인) 간 공분산 정도가 나타나 있다.

연습 문제

1. 11세(y1)부터 12세(y2), 13세(y3), 14세(y4), 15세(y5)까지 청소년의 비행(非行) 자제력에 관한 것을 5년 동안 조사한 자료이다. 표본은 168명이다. 비행 자제력에 관한 값은 로그를 취한 값의 상관행렬로 나타낸 것이다.

```
Title: Change in Tolerance of Deviation Behavior
Observed Variables
y1 - y5
Correlation Matrix:
1.0000
0.3760 1.0000
0.3563 0.4788   1.0000
0.4088          0.4058   0.6742   1.0000
0.4373 0.3968   0.6024   0.7665 1.0000
Means:
0.2008 0.2263 0.3255 0.4168 0.4460
Sample size = 168
Latent variables intcept slope
Relationships
y1 = 1*intcept 0*slope
y2 = 1*intcept 1*slope
y3 = 1*intcept 2*slope
y4 = 1*intcept 3*slope
y5 = 1*intcept 4*slope
Equal error variances: y1 - y5
Equation: intcept = const
Equation: slope = const
path diagram
Let the errors of intcept and slope correlate
End of Problem
```

[데이터] exch5.ls8

① 절대적합지수와 증분적합지수를 계산하고 판단하라.

② 초기 상수값과 기울기 변화에 대하여 언급해보자.

06 잠재성장모델링 분석 비교

장벽

장벽에는 다 이유가 있다. 장벽은 우리가 무엇을 얼마나 절실하게 원하는지 깨달을
수 있도록 기회를 제공하는 것이다.

– 랜디 포시, ≪마지막 강의≫ 중에서

연구자는 구조방정식 프로그램을 이용하여 구조방정식모델이나 성장모델을 분석할 경우, 다른 프로그램으로 분석한 결과물과 어떠한 차이를 보이는지 확인하고 싶은 욕구가 생길 것이다.

이 장에서는 간단한 예제를 가지고 Amos 프로그램의 분석 결과와 LISREL의 분석 결과를 비교하도록 한다.

학생 문제를 연구하는 S연구소는 12세(x1, 1986년), 13세(x2, 1987년), 14세(x3, 1988년), 15세(x4, 1989년)의 음주 횟수를 반복측정하였다. 청소년 118명의 조사 내용을 공분산행렬로 나타내면 다음과 같다.

rowtype_	varname_	y1	y2	y3	y4
n		118	118	118	118
cov	y1	0.855			
cov	y2	0.473	0.82		
cov	y3	0.408	0.524	0.871	
cov	y4	0.3	0.446	0.496	0.761
mean		1.788	2.102	2.347	2.737

[데이터] data.xls

S연구소의 과제는 초기치의 평균과 성장률의 변화를 구하고 전략적인 대안을 마련하는 것이다.

6.1 › AMOS를 이용한 분석

[1단계] Amos 프로그램을 불러온다.

[2단계] Plugs ⇒ Growth Curve Model를 지정한다. 그러면 다음과 같은 화면
을 얻을 수 있다. 이 예제는 4번 측정한 결과이기 때문에 측정 시점수(Number
of time points)를 4로 지정한다.

[그림 6-1] Amos 성장모델 1

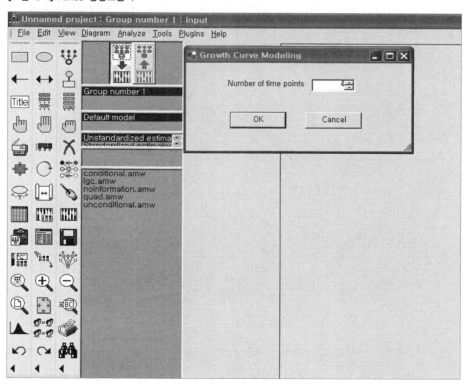

[3단계] ⬜ OK ⬜ 단추를 누른다. 그러면 다음과 같은 화면을 얻을 수 있다.

[그림 6-2] Amos 성장모델 2

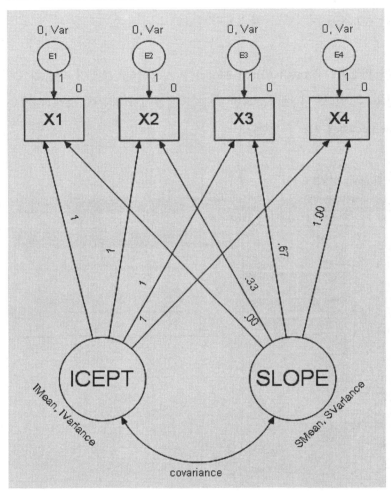

[4단계] 사각형(□) 속에 나타난 변수명을 입력된 데이터의 변수명과 일치시킨다. 이를 위해서 Object Properties...(Ctrl+O)를 누른다. Text란의 Variable 란에서 x1을 y1로 입력한다. 나머지 세 가지 변수명도 연속적으로 수정할 수 있다. 이것을 그림으로 나타내면 다음과 같다.

[그림 6-3] Amos 성장모델 3

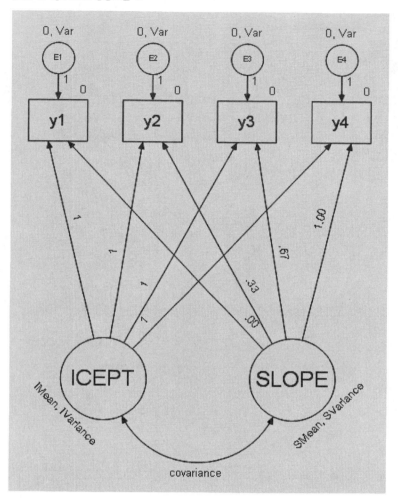

[5단계] 기울기(SLOPE)에서 변수로 연결된 회귀계수의 값을 0, 1, 2, 3으로 입력한다. 이를 위해서 Object Properties...([Ctrl]+[O])를 누른다. Parameter(모수)란에 숫자 0을 입력한다. 연속적으로 해당 경로에 1, 2, 3을 입력할 수 있다. 이것을 그림으로 나타내면 다음과 같다.

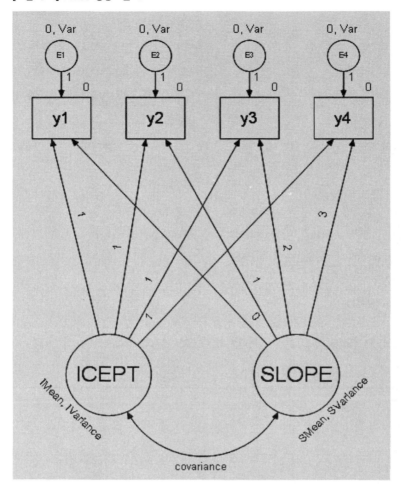

[그림 6-4] Amos 성장모델 4

[6단계] 경로도형의 파일을 File 창에서 Save나 Save As... 단추를 이용하여 저장한다. 여기서는 ch6.amw로 저장한다.

[7단계] Data File... 단추를 눌러 미리 입력된 data.xls를 연결한다.

[8단계] 실행에 앞서 View ⇒ Analysis Properties(Ctrl + A) ⇒ OutPut 창을 연다. 여기서 Implied moments(재생산 값)를 지정한다. 그런 다음 Analyze ⇒ Calculate Estimate(Ctrl + F9) 단추를 눌러 실행을 한다. 그러면 다음과 같은

결과를 얻을 수 있다.

[결과 6-1] 경로도형 결과

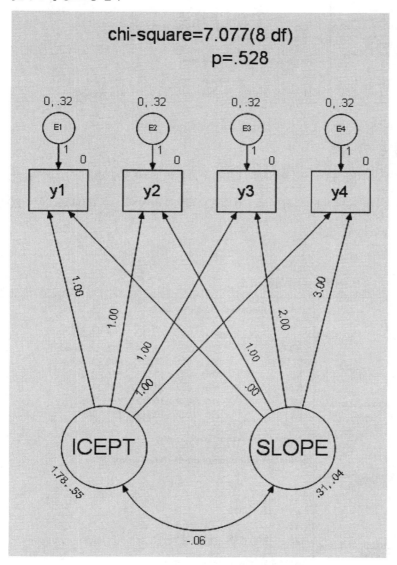

chi-square=7.077(8 df)
p=.528

[결과 6-1] 설명

카이자승통계량(χ^2)은 7.077, 자유도(d.f)=8, 확률값=0.528 >α=0.05 이므로 '연구모델은 적합하다'라는 귀무가설을 채택할 수 있다.

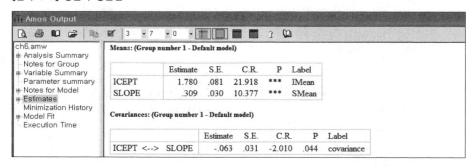

Means: (Group number 1 - Default model)

	Estimate	S.E.	C.R.	P	Label
ICEPT	1.780	.081	21.918	***	IMean
SLOPE	.309	.030	10.377	***	SMean

Covariances: (Group number 1 - Default model)

	Estimate	S.E.	C.R.	P	Label
ICEPT <--> SLOPE	-.063	.031	-2.010	.044	covariance

[결과 6-2] 설명

초기치(ICEPT)의 평균은 1.780, 기울기는 0.309임을 알 수 있다. 이 두 요인 간의 공분산의 정도는 −0.063으로 관련성이 $p = 0.044 < \alpha = 0.05$로 유의함을 알 수 있다.

[결과 6-3] 분산, 재생산 공분산행렬, 평균

Variances: (Group number 1 - Default model)

	Estimate	S.E.	C.R.	P	Label
ICEPT	.550	.103	5.349	***	IVariance
SLOPE	.041	.015	2.757	.006	SVariance
E1	.316	.029	10.817	***	Var
E2	.316	.029	10.817	***	Var
E3	.316	.029	10.817	***	Var
E4	.316	.029	10.817	***	Var

Matrices (Group number 1 - Default model)

Implied Covariances (Group number 1 - Default model)

	y4	y3	y2	y1
y4	.857			
y3	.482	.778		
y2	.422	.444	.781	
y1	.362	.425	.488	.866

Implied Means (Group number 1 - Default model)

y4	y3	y2	y1
2.707	2.398	2.089	1.780

Group number 1

Default model

해당 요인과 변수의 분산의 값이 나타나 있다. 또한 각 변수별 공분산 행렬이 나타나 있다. 재생산 y1, y2, y3, y4의 평균값은 각각 1.780, 2.089, 2.398, 2.707임을 알 수 있다.

지금까지의 내용을 종합해 보면 다음과 같은 결과를 얻을 수 있다.

$$E(Mt) = E(Mint) + E(Mslp)at$$
$$E(M1986) = 1.780 + (0.309 \times 0) = 1.780$$
$$E(M1987) = 1.780 + (0.309 \times 1) = 2.089$$
$$E(M1988) = 1.780 + (0.309 \times 2) = 2.398$$
$$E(M1989) = 1.780 + (0.309 \times 3) = 2.707$$

각 연도별 예측된 평균값에 대한 것을 엑셀을 이용하여 나타내면 다음과 같다.

[결과 6-4] 연도별 성장 추이

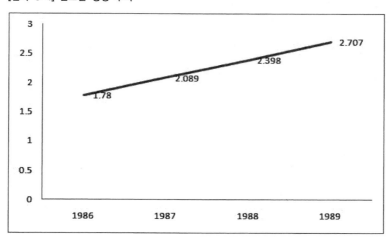

[결과 6-4] 설명

앞의 [결과 6-3]에 나타난 평균치를 연도별로 나타내면 음주 횟수는 선형적으로 증가함을 알 수 있다.

6.2 〉 LISREL을 이용한 분석

앞에서 다룬 예제를 LISREL 프로그램에서 실행해보자. 이를 위해서는 다음과 같은 단계를 거치면 된다.

[1단계] LISREL 프로그램을 열고 File ⟹ Syntax Only 단추를 누르고 다음과 같이 입력한다.

[그림 6-5] LISREL 성장모델 1

```
ch6.LS8
Title: Change of liquor frequency
Observed Variables
y1 - y4
Covariance Matrix:
0.855
0.473   0.820
0.408   0.524   0.871
0.300   0.446   0.496   0.761
Means:
1.788 2.102 2.347 2.737
Sample size = 118
Latent variables intcept slope
Relationships
y1 = 1*intcept 0*slope
y2 = 1*intcept 1*slope
y3 = 1*intcept 2*slope
y4 = 1*intcept 3*slope
Equal error variances: y1 - y4
Equation: intcept=const
Equation: slope=const
path diagram
Let the errors of intcept and slope correlate
End of Problem
```

[데이터] ch6.ls8

[2단계] ch6.LS8로 파일을 저장하고 실행 단추인 를 누른다. 그러면 다음과 같은 결과를 얻을 수 있다.

[결과 6-5] LISREL 결과물 1

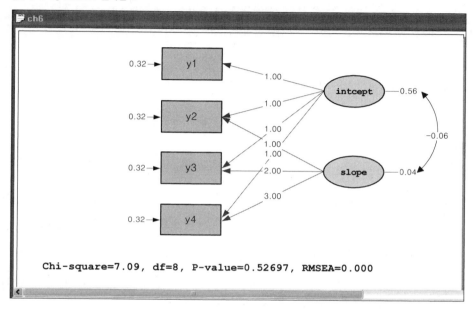

Chi-square=7.09, df=8, P-value=0.52697, RMSEA=0.000

⊘ [결과 6-5] 설명

카이자승통계량(χ^2)은 7.09, 자유도(d.f)＝8, 확률값＝0.52697 > $\alpha = 0.05$ 이므로 '연구모델은 적합하다'라는 귀무가설을 채택할 수 있다. RMSEA＝ 0.000임을 알 수 있다.

[결과 6-6] LISREL 결과물 2

```
Number of Iterations =  1

LISREL Estimates (Maximum Likelihood)

      Measurement Equations

    y1 = 1.00*intcept, Errorvar.= 0.32   , R? = 0.64
                                  (0.029)
                                   10.82

    y2 = 1.00*intcept + 1.00*slope, Errorvar.= 0.32   , R? = 0.60
                                             (0.029)
                                              10.82

    y3 = 1.00*intcept + 2.00*slope, Errorvar.= 0.32   , R? = 0.59
                                             (0.029)
                                              10.82

    y4 = 1.00*intcept + 3.00*slope, Errorvar.= 0.32   , R? = 0.63
                                             (0.029)
                                              10.82
```

> ### [결과 6-6] 설명

LISREL 분석 방법은 다변량 정규분포성을 가정하는 최대우도법(Maximum Likelihood)에 의해서 분석되었음을 알 수 있다.

각 연도별 추정식이 나타나 있다. 이 추정식의 설명력(r^2)이 나타나 있다. 또한 해당 변수별 분산 정도가 나타나 있다.

$$y1 = 1.00\text{*intcept}$$
$$y2 = 1.00\text{*intcept} + 1.00\text{*slope}$$
$$y3 = 1.00\text{*intcept} + 2.00\text{*slope}$$
$$y4 = 1.00\text{*intcept} + 3.00\text{*slope}$$

```
            Covariance Matrix of Independent Variables
                    intcept       slope
                    --------     --------
       intcept        0.56
                     (0.10)
                      5.35

        slope        -0.06         0.04
                     (0.03)       (0.01)
                     -2.01         2.76

            Mean Vector of Independent Variables
                    intcept       slope
                    --------     --------
                      1.78         0.31
                     (0.08)       (0.03)
                     21.82        10.33
```

[결과 6-7] 설명

　　초기치와 기울기에 해당하는 요인별 공분산의 정도가 나타나 있다. 초
기치와 기울기의 공분산 정도는 −0.063으로 관련성이 t=−2.01 > ±1.96이므
로 유의함을 알 수 있다.

　　또한 초기치와 기울기의 평균은 1.78, 0.31로 모두 t > ±1.96로 유의함
을 알 수 있다. 참고로 **독립변수의 평균벡터(Mean Vector of Independent
variabels)**에서 첫 번째 행은 평균, 두 번째 행의 괄호 숫자는 표준오차, 그
리고 세 번째 행은 t값을 나타낸다. 이를 통해 연구자는 청소년의 음주 횟
수에 초기치와 기울기가 유의한 영향을 미친다는 사실을 확인할 수 있다.

6.3 〉 AMOS와 LISREL 결과물 비교

연구자는 같은 예제를 통해서 Amos와 LISREL의 결과물을 비교할 수 있다. 다음 표에 나타난 것처럼, Amos의 결과물과 LISREL 프로그램으로 분석한 통계량은 큰 차이가 없음을 확인할 수 있다.

[표 6-1] Amos와 LISREL의 결과물 비교

	AMOS	LISREL
Mean intercept	1.78(0.08), 21.86	1.78(0.08), 21.86
Mean slope	0.309(0.03), 10.377	0.31(0.03), 10.38
Intercept	0.55	0.56
(variance)		
slope (variance)	0.41	0.41
Intercept, slope(covariance)	−0.063(0.03), −2.01	−0.06(0.03), −2.01
Error variance (t1)	0.316	0.32
Error variance (t2)	0.316	0.32
Error variance (t3)	0.316	0.32
Error variance (t4)	0.316	0.32

연습 문제

1. 다음은 동기 부여(motivation)의 정도에 따른 성적(y1, y2, y3)의 변화를 알아보기 위한 상관행렬, 평균, N = 250의 자료이다.

```
motivation y1 - y3
correlation matrix:
1.000
0.457    1.000
0.519    0.541    1.000
0.624    0.480    0.546    1.000
means:
1.47 83.1 74.6 81.6
```

위 내용을 LISREL 프로그램상에 입력하고 분석하고 해석해보자. 또한 Amos 프로그램상에서 실행한 다음 실행 결과를 비교해보자.

```
title: linear conditional model
Observed Variables
motivation y1 - y3
correlation matrix:
1.000
0.457      1.000
0.519      0.541      1.000
0.624      0.480      0.546      1.000

means:
1.47 83.1 74.6 81.6

Sample size = 250
Latent variables intcept slope
Relationships
y1 = 1*intcept 0*slope
y2 = 1*intcept 1*slope
y3 = 1*intcept 2*slope
Equal error variances: y1 - y3
Equation: intcept = motivation
Equation: slope = motivation
path diagram
Let the errors of intcept and slope correlate
End of Problem
```

[데이터] ex6.ls8

부록

부표 1   표준정규분포표

부표 2   t분포표

부표 3 χ^2분포표

부표 4   F분포표

[부표 1] 표준정규분포표

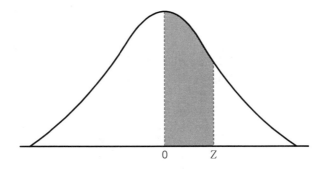

이 표는 $Z=0$에서 Z값까지의 면적을 나타낸다. 예를 들어 $Z=1.25$일 때 $0 \sim 1.25$ 사이의 면적은 0.395이다.

Z	.00	.01	.02	.03	.04	.05	.06	.07	08	.09
0.0	.0000	.0040	.0080	.012	.0160	.0199	.0239	.0279	.0319	.0359
0.1	.0398	.0438	0.478	0.517	0.557	0.596	0.636	.0675	.0714	.0753
0.2	.0793	.0832	.0871	.0910	.0948	.0987	.1026	.1064	.1103	.1141
0.3	.1179	.1217	.1255	.1293	.1331	.1368	.1406	.1443	.1480	.1517
0.4	.1554	.1591	.1628	.1664	.1700	.1736	.1772	.1808	.1844	.1879
0.5	.1915	.1950	.1985	.2019	.2054	.2088	.2123	.2157	.2190	.2224
0.6	.2257	.2291	.2324	.2357	.2389	.2422	.2454	.2486	.2517	.2549
0.7	.2580	.2611	.2642	.2673	.2704	.2734	.2764	.2794	.2823	.2852
0.8	.2881	.2910	.2939	.2967	.2995	.3023	.3051	.3078	.3106	.3133
0.9	.3159	.3186	.3212	.3238	.3264	.3289	.3315	.3340	.3365	.3389
1.0	.3413	.3438	.3461	.3485	.3508	.3531	.3554	.3577	.3599	.3621
1.1	.3643	.3665	.3686	.3708	.3279	.3749	.3770	.3790	.3810	.3830
1.2	.3849	.3869	.3888	.3907	.3925	.3944	.3962	.3980	.3997	.4015
1.3	.4032	.4049	.4066	.4082	.4099	.4115	.4131	.4147	.4162	.4177
1.4	.4192	.4207	.4222	.4236	.4251	.4265	.4279	.4292	.4306	.4319
1.5	.4332	.4345	.4357	.4370	.7382	.4394	.4406	.4418	.4429	.4441
1.6	.4452	.4463	.4474	.4484	.4495	.4505	.4515	.4525	.4535	.4545
1.7	.4554	.4564	.4573	.4582	.4591	.4599	.4608	.4616	.4625	.4633
1.8	.4641	.4649	.4656	.4664	.4671	.4678	.4686	.4693	.4699	.4706
1.9	.4713	.4719	.4726	.4732	.4738	.4744	.4750	.4756	.4761	.4767
2.0	.4772	.4778	.4783	.4788	.4793	.4798	.4803	.4808	.4812	.4817
2.1	.4821	.4826	.4830	.4834	.4838	.4842	.4846	.4850	.4856	.4857
2.2	.4861	.4864	.4868	.4871	.4875	.4878	.4881	.4884	.4887	.4890
2.3	.4893	.4896	.4898	.4901	.4904	.4906	.4909	.4911	.4913	.4916
2.4	.4918	.4920	.4922	.4925	.4927	.4929	.4931	.4932	.4934	.4936
2.5	.4938	.4940	.4941	.4943	.4945	.4946	.4948	.4949	.4951	.4952
2.6	.4953	.4955	.4956	.4957	.4959	.4960	.4961	.4962	.4963	.4964
2.7	.4965	.4966	.4967	.4968	.4969	.4970	.4971	.4972	.4973	.4974
2.8	.4974	.4975	.4976	.4977	.4977	.4978	.4979	.4979	.4980	.4981
2.9	.4981	.4982	.4982	.4983	.4984	.4984	.4985	.4985	.4986	.4986
3.0	.4987	.4987	.4987	.4988	.4988	.4989	.4989	.4989	.4990	.4990
4.0	.4997									

[부표 2] *t*분포표

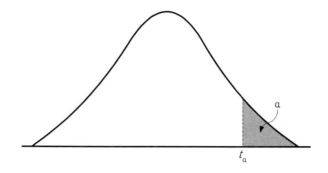

d.f.	$t_{.025}$	$t_{.100}$	$t_{.050}$	$t_{.025}$	$t_{.010}$	$t_{.005}$
1	1.000	3.078	6.314	12.706	31.821	63.657
2	0.816	1.886	2.920	4.303	6.965	9.925
3	0.745	1.638	2.353	3.182	4.541	5.841
4	0.741	1.533	2.132	2.776	3.747	4.604
5	0.727	1.476	2.015	2.571	3.365	4.032
6	0.718	1.440	1.943	2.447	3.143	3.707
7	0.711	1.415	1.895	2.365	2.998	3.499
8	0.706	1.397	1.860	2.306	2.896	3.355
9	0.703	1.383	1.833	2.262	2.821	3.250
10	0.700	1.372	1.812	2.228	2.876	3.169
11	0.697	1.363	1.796	2.201	2.718	3.106
12	0.695	1.356	1.782	2.179	2.681	3.055
13	0.694	1.350	1.771	2.160	2.650	3.012
14	0.692	1.345	1.761	2.145	2.624	2.977
15	0.691	1.341	1.753	2.131	2.602	2.947
16	0.690	1.337	1.746	2.120	2.583	2.921
17	0.689	1.333	1.740	2.110	2.567	2.898
18	0.688	1.330	1.734	2.101	2.552	2.878
19	0.688	1.328	1.729	2.093	2.539	2.861
20	0.687	1.325	1.725	2.086	2.528	2.845
21	0.686	1.323	1.721	2.080	2.518	2.831
22	0.686	1.321	1.717	2.074	2.508	2.819
23	0.685	1.319	1.714	2.069	2.500	2.807
24	0.685	1.318	1.711	2.064	2.492	2.797
25	0.684	1.316	1.708	2.060	2.485	2.787
26	0.684	1.315	1.706	2.056	2.479	2.779
27	0684	1.314	1.703	2.052	2.473	2.771
28	0.683	1.313	1.701	2.048	2.467	2.763
29	0.683	1.311	1.699	2.045	2.464	2.756
30	0.683	1.310	1.697	2.042	2.457	2.750
40	0.681	1.303	1.684	2.021	2.423	2.704
60	0.697	1.296	1.671	2.000	2.390	2.660
120	0.677	1.289	1.658	1.980	2.358	2.617
∞	0.674	1.282	1.645	1.960	2.326	2.576

t분포표 (계속)

d.f.	$t_{0.0025}$	$t_{0.001}$	$t_{0.0005}$	$t_{0.00025}$	$t_{0.0001}$	$t_{0.00005}$	$t_{0.000025}$	$t_{0.00001}$
1	127.321	318.309	636.919	1,273.239	3,183.099	6,366.198	12,732.395	31,380.989
2	14.089	22.327	31.598	44.705	70.700	99.950	141.416	223.603
3	7.453	10.214	12.924	16.326	22.204	28.000	35.298	47.928
4	5.598	7.173	8.610	10.306	13.034	15.544	18.522	23.332
5	4.773	5.893	6.869	7.976	9.678	11.178	12.893	15.547
6	4.317	5.208	5.959	6.788	8.025	9.082	10.261	12.032
7	4.029	4.785	5.408	6.082	7.063	7.885	8.782	10.103
8	3.833	4.501	5.041	5.618	6.442	7.120	7.851	8.907
9	3.690	4.297	4.781	5.291	6.010	6.594	7.215	8.102
10	3.581	4.144	4.587	5.049	5.694	6.211	6.757	7.527
11	3.497	4.025	4.437	4.863	5.453	5.921	6.412	7.098
12	3.428	3.930	4.318	4.716	5.263	5.694	6.143	6.756
13	3.372	3.852	4.221	4.597	5.111	5.513	5.928	6.501
14	3.326	3.787	4.140	4.499	4.985	5.363	5.753	6.287
15	3.286	3.733	4.073	4.417	4.880	5.239	5.607	6.109
16	3.252	3.686	4.015	4.346	4.791	5.134	5.484	5.960
17	3.223	3.646	3.965	4.286	4.714	5.044	5.379	5.832
18	3.197	3.610	3.922	4.233	4.648	4.966	5.288	5.722
19	3.174	3.579	3.883	4.187	4.590	4.897	5.209	5.627
20	3.153	3.552	3.850	4.146	4.539	4.837	5.139	5.543
21	3.135	3.527	3.819	4.110	4.493	4.784	5.077	5.469
22	3.119	3.505	3.792	4.077	4.452	4.736	5.022	5.402
23	3.104	3.485	3.768	4.048	4.415	4.693	4.992	5.343
24	3.090	3.467	3.745	4.021	4.382	4.654	4.927	5.290
25	3.078	3.450	3.725	3.997	4.352	4.619	4.887	5.241
26	3.067	3.435	3.707	3.974	4.324	4.587	4.850	5.197
27	3.057	3.421	3.690	3.954	4.299	4.558	4.816	5.157
28	3.047	3.408	3.674	3.935	4.275	4.530	4.784	5.120
29	3.038	3.396	3.659	3.918	4.254	4.506	4.756	5.086
30	3.030	3.385	3.646	3.902	4.234	4.482	4.729	5.054
40	2.971	3.307	3.551	3.788	4.094	4.321	4.544	4.835
60	2.915	3.232	3.460	3.681	3.962	4.169	4.370	4.631
100	2.871	3.174	3.390	3.598	3.862	4.053	4.240	4.478
∞	2.807	3.090	3.291	3.481	3.719	3.891	4.056	4.265

[부표 3] χ^2 분포표

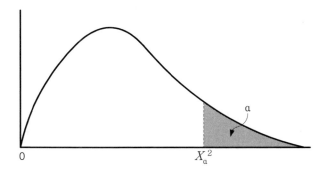

d.f.	$\chi_{0.990}$	$\chi_{0.975}$	$\chi_{0.950}$	$\chi_{0.900}$	$\chi_{0.500}$	$\chi_{0.100}$	$\chi_{0.050}$	$\chi_{0.025}$	$\chi_{0.010}$	$\chi_{0.005}$
1	0.0002	0.0001	0.004	0.02	0.45	2.71	3.84	5.02	6.63	7.88
2	0.02	0.05	0.10	0.21	1.39	4.61	5.99	7.38	9.21	10.60
3	0.11	0.22	0.35	0.58	2.37	6.25	7.81	9.35	11.34	12.84
4	0.30	0.48	0.71	1.06	3.36	7.78	9.49	11.14	13.28	14.86
5	0.55	0.83	1.15	1.61	4.35	9.24	11.07	12.83	15.09	16.75
6	0.87	1.24	1.64	2.20	5.35	10.64	12.59	14.45	16.81	18.55
7	1.24	1.69	2.17	2.83	6.35	12.02	14.07	16.01	18.48	20.28
8	1.65	2.18	2.73	3.49	7.34	13.36	15.51	17.53	20.09	21.95
9	2.09	2.70	3.33	4.17	8.34	14.68	16.92	19.02	21.67	23.59
10	2.56	3.25	3.94	4.87	9.34	15.99	18.31	20.48	23.21	25.19
11	3.05	3.82	4.57	5.58	10.34	17.28	19.68	21.92	24.72	26.76
12	3.57	4.40	5.23	6.30	11.34	18.55	21.03	23.34	26.22	28.30
13	4.11	5.01	5.89	7.04	12.34	19.81	22.36	24.74	27.69	29.82
14	4.66	5.63	6.57	7.79	13.34	21.06	23.68	26.12	29.14	31.32
15	5.23	6.26	7.26	8.55	14.34	22.31	25.00	27.49	30.58	32.80
16	5.81	6.91	7.96	9.31	15.34	23.54	26.30	28.85	32.00	34.27
17	6.41	7.56	8.67	10.09	16.34	24.77	27.59	30.19	33.41	35.72
18	7.01	8.23	9.39	10.86	17.34	25.99	28.87	31.53	34.81	37.16
19	7.63	8.91	10.12	11.65	18.34	27.20	30.14	32.85	36.19	38.58
20	8.26	9.59	10.85	12.44	19.34	28.41	31.14	34.17	37.57	40.00
21	8.90	10.28	11.59	13.24	20.34	29.62	32.67	35.48	38.93	41.40
22	9.54	10.98	12.34	14.04	21.34	30.81	33.92	36.78	40.29	42.80
23	10.20	11.69	13.09	14.85	22.34	32.01	35.17	38.08	41.64	44.18
24	10.86	12.40	13.85	15.66	23.34	33.20	36.74	39.36	42.98	45.56
25	11.52	13.12	14.61	16.47	24.34	34.38	37.92	40.65	44.31	46.93
26	12.20	13.84	15.38	17.29	25.34	35.56	38.89	41.92	45.64	48.29
27	12.83	14.57	16.15	18.11	26.34	36.74	40.11	43.19	46.96	49.64
28	13.56	15.31	16.93	18.94	27.34	37.92	41.34	44.46	48.28	50.99
29	14.26	16.05	17.71	19.77	28.34	39.09	42.56	45.72	49.59	52.34
30	14.95	16.79	18.49	20.60	29.34	40.26	43.77	46.98	50.89	53.67
40	22.16	24.43	26.51	29.05	39.34	51.81	55.76	59.34	63.69	66.77
50	29.71	32.36	34.76	37.69	49.33	63.17	67.50	71.42	76.15	79.49
60	37.48	40.48	43.19	46.46	59.33	74.40	79.08	83.30	88.38	91.95
70	45.44	48.76	51.74	55.33	69.33	85.53	90.53	95.02	100.43	104.21
80	53.54	57.15	60.39	64.28	79.33	96.58	101.88	106.63	112.33	116.32
90	61.75	65.65	69.13	73.29	89.33	107.57	113.15	118.14	124.12	128.30
100	70.06	74.22	77.93	82.36	99.33	118.50	124.34	129.56	135.81	140.17

[부표 4] F 분포표

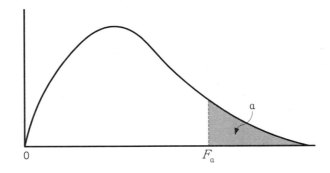

$$\alpha = 0.01$$

d.f.	1	2	3	4	5	6	7	8	9
1	4052.0	4999.0	5403.0	5625.0	5764.0	5859.0	5928.0	5982.0	5022.0
2	98.50	99.00	99.17	99.25	99.30	99.33	99.36	99.37	99.39
3	34.12	30.82	29.46	28.71	28.24	27.91	27.67	27.49	27.34
4	21.20	18.00	16.69	15.98	15.52	15.21	14.98	14.80	14.66
5	16.26	13.27	12.06	11.39	10.97	10.67	10.46	10.29	10.16
6	13.74	10.92	9.78	9.15	8.75	8.47	8.26	8.10	7.98
7	12.25	9.55	8.45	7.85	7.46	7.19	6.99	6.84	6.72
8	11.26	8.65	7.59	7.01	6.63	6.37	6.18	6.03	5.91
9	10.56	8.02	6.99	6.42	6.06	5.80	5.61	5.47	5.35
10	10.04	7.56	6.55	5.99	5.64	5.39	5.20	5.06	4.94
11	9.65	7.21	6.22	5.67	5.32	5.07	4.89	4.74	4.63
12	9.33	6.93	5.95	5.41	5.06	4.82	4.64	4.50	4.39
13	9.07	6.70	5.74	5.21	4.86	4.62	4.44	4.30	4.19
14	8.86	6.51	5.56	5.04	4.69	4.46	4.28	4.14	4.03
15	8.68	6.36	5.42	4.89	4.56	4.32	4.14	4.00	3.89
16	8.53	6.23	5.29	4.77	4.44	4.20	4.03	3.89	3.78
17	8.40	6.11	5.18	4.67	4.34	4.10	3.93	3.79	3.68
18	8.29	6.01	5.09	4.58	4.25	4.01	3.84	3.71	3.60
19	8.18	5.93	5.01	4.50	4.17	3.94	3.77	3.63	3.52
20	8.10	5.85	4.94	4.43	4.10	3.87	3.70	3.56	3.46
21	8.02	5.78	4.87	4.37	4.04	3.81	3.64	3.51	3.40
22	7.95	5.72	4.82	4.31	3.99	3.76	3.59	3.45	3.35
23	7.88	5.66	4.76	4.26	3.94	3.71	3.54	3.41	3.30
24	7.82	5.61	4.72	4.22	3.90	3.67	3.50	3.36	3.26
25	7.77	5.57	4.68	4.18	3.85	3.63	3.46	3.32	3.22
26	7.72	5.53	4.64	4.14	3.82	3.59	3.42	3.29	3.18
27	7.68	5.49	4.60	4.11	3.78	3.56	3.39	3.26	3.15
28	7.64	5.45	4.57	4.07	3.75	3.53	3.36	3.23	3.12
29	7.60	5.42	4.54	4.04	3.73	3.50	3.33	3.20	3.09
30	7.56	5.39	4.51	4.02	3.70	3.47	3.30	3.17	3.07
40	7.31	5.18	4.31	3.83	3.51	3.29	3.12	2.99	2.89
60	7.08	4.98	4.13	3.65	3.34	3.12	2.95	2.82	2.72
120	6.85	4.79	3.95	3.48	3.17	2.96	2.79	2.66	2.56
∞	6.63	4.61	3.78	3.32	3.02	2.80	2.64	2.51	2.41

F 분포표 (계속)

$$\alpha = 0.01$$

d.f.	10	15	20	24	30	40	60	120	∞
1	6056.0	6157.0	6209.0	6235.0	6261.0	6387.0	6313.0	6339.0	6366.0
2	99.40	99.43	99.45	99.46	99.47	99.47	99.48	99.49	99.50
3	27.23	26.87	26.69	26.60	26.50	26.41	26.32	26.22	26.12
4	14.55	14.20	14.02	13.93	13.84	13.74	13.65	13.56	13.46
5	10.05	9.72	9.55	9.47	9.38	9.29	9.20	9.11	9.02
6	7.87	7.56	7.40	7.31	7.23	7.14	7.06	6.97	6.88
7	6.62	6.31	6.16	6.07	5.99	5.91	5.82	5.74	5.65
8	5.81	5.52	5.36	5.28	5.20	5.12	5.03	4.95	4.86
9	5.26	4.96	4.81	4.73	4.65	4.57	4.48	4.40	4.31
10	4.85	4.56	4.41	4.33	4.25	4.17	4.08	4.00	3.91
11	4.54	4.25	4.10	4.02	3.94	3.86	3.78	3.69	3.60
12	4.30	4.01	3.86	3.78	3.70	3.62	3.54	3.45	3.36
13	4.10	3.82	3.66	3.59	3.51	3.43	3.34	3.25	3.17
14	3.94	3.66	3.51	3.43	3.35	3.27	3.18	3.09	3.00
15	3.80	3.52	3.37	3.29	3.21	3.13	3.05	2.96	2.87
16	3.69	3.41	3.26	3.18	3.10	3.02	2.93	2.84	2.75
17	3.59	3.23	3.16	3.08	3.00	2.92	2.83	**2.75**	2.65
18	3.51	3.23	3.08	3.00	2.92	2.84	2.75	2.66	2.57
19	3.43	3.15	3.00	2.92	2.84	2.76	2.67	2.58	2.49
20	3.37	3.09	2.94	2.86	2.78	2.69	2.61	2.52	2.42
21	3.31	3.03	2.88	2.80	2.72	2.64	2.55	2.46	2.36
22	3.26	2.98	2.83	2.75	2.67	2.58	2.50	2.40	2.31
23	3.21	2.93	2.78	2.70	2.62	2.54	2.45	2.35	2.26
24	3.17	2.89	2.74	2.66	2.58	2.49	2.40	2.31	2.21
25	3.13	2.85	2.70	2.62	2.54	2.45	2.36	2.27	2.17
26	3.09	2.81	2.66	2.58	2.50	2.42	2.33	2.23	2.13
27	3.06	2.78	2.63	2.55	2.47	2.38	2.29	2.20	2.10
28	3.03	2.75	2.60	2.52	2.44	2.35	2.26	2.17	2.06
29	3.00	2.73	2.57	2.49	2.41	2.33	2.23	2.14	2.03
30	2.98	2.70	2.55	2.47	2.39	2.30	2.21	2.11	2.01
40	2.80	2.52	2.37	2.29	2.20	2.11	2.02	1.92	1.80
60	2.63	2.35	2.20	2.12	2.03	1.94	1.84	1.73	1.60
120	2.47	2.19	2.03	1.95	1.86	1.76	1.66	1.53	1.38
∞	2.32	2.04	1.88	1.79	1.70	1.59	1.47	1.32	1.00

F분포표 (계속)

$$\alpha = 0.05$$

d.f.	1	2	3	4	5	6	7	8	9
1	161.45	199.50	215.71	224.58	230.16	233.99	236.77	238.88	240.54
2	18.51	19.00	19.16	19.25	19.30	19.33	19.35	19.37	19.38
3	10.13	9.55	9.28	9.12	9.01	8.94	8.89	8.85	8.81
4	7.71	6.94	6.59	6.39	6.26	6.16	6.09	6.04	6.00
5	6.61	5.79	5.41	5.19	5.05	4.95	4.88	4.82	4.77
6	5.99	5.14	4.76	4.53	4.39	4.28	4.21	4.15	4.10
7	5.59	4.74	4.35	4.12	3.97	3.87	3.79	3.73	3.68
8	5.32	4.46	4.07	3.84	3.69	3.58	3.50	3.44	3.39
9	5.12	4.26	3.86	3.63	3.48	3.37	3.29	3.23	3.18
10	4.96	4.10	3.71	3.48	3.33	3.22	3.14	3.07	3.02
11	4.84	3.98	3.59	3.36	3.20	3.09	3.01	2.95	2.90
12	4.75	3.89	3.49	3.26	3.11	3.00	2.91	2.85	2.80
13	4.67	3.81	3.41	3.18	3.03	2.92	2.83	2.77	2.71
14	4.60	3.74	3.34	3.11	2.96	2.85	2.76	2.70	2.65
15	4.54	3.68	3.29	3.06	2.90	2.79	2.71	2.64	2.59
16	4.49	3.63	3.24	3.01	2.85	2.74	2.66	2.59	2.54
17	4.45	3.59	3.20	2.96	2.81	2.70	2.61	2.55	2.49
18	4.41	3.52	3.16	2.93	2.77	2.66	2.58	2.51	2.46
19	4.38	3.52	3.13	2.90	2.74	2.63	2.54	2.48	2.42
20	4.35	3.49	3.10	2.87	2.71	2.60	2.51	2.45	2.39
21	4.32	3.47	3.07	2.84	2.68	2.57	2.49	2.42	2.37
22	4.30	3.44	3.05	2.82	2.66	2.55	2.46	2.40	2.34
23	4.28	3.42	3.03	2.80	2.64	2.53	2.44	2.37	2.32
24	4.26	3.40	3.01	2.78	2.62	2.51	2.42	2.36	2.30
25	4.24	3.39	2.99	2.76	2.60	2.49	2.40	2.34	2.28
26	4.23	3.37	2.98	2.74	2.59	2.47	2.39	2.32	2.27
27	4.21	3.35	2.96	2.73	2.57	2.46	2.37	2.31	2.25
28	4.20	3.34	2.95	2.71	2.56	2.45	2.36	2.29	2.24
29	4.18	3.33	2.93	2.70	2.55	2.43	2.35	2.28	2.22
30	4.17	3.32	2.92	2.69	2.53	2.42	2.33	2.27	2.21
40	4.08	3.23	2.84	2.61	2.45	2.34	2.25	2.18	2.12
60	4.00	3.15	2.76	2.53	2.37	2.25	2.17	2.10	2.04
120	3.92	3.07	2.68	2.45	2.29	2.17	2.09	2.02	1.96
∞	3.84	3.00	2.60	2.37	2.21	2.10	2.01	1.94	1.88

F 분포표 (계속)

$$\alpha = 0.05$$

d.f.	10	15	20	24	30	40	60	120	∞
1	241.88	245.95	248.01	249.05	250.09	251.14	252.20	253.25	254.32
2	19.40	19.43	19.45	19.45	19.46	19.47	19.48	19.49	19.50
3	8.76	8.70	8.66	8.64	8.62	8.59	8.57	8.55	8.53
4	5.96	5.86	5.80	5.77	5.75	5.72	5.69	5.66	5.63
5	4.74	4.62	4.56	4.53	4.50	4.46	4.43	4.40	4.36
6	4.06	3.94	3.87	3.84	3.81	3.77	3.74	3.70	3.67
7	3.64	3.51	3.44	3.41	3.38	3.34	3.30	3.27	3.23
8	3.35	3.22	3.15	3.12	3.08	3.04	3.01	2.97	2.93
9	3.14	3.01	2.94	2.90	2.86	2.83	2.79	2.75	2.71
10	2.98	2.84	2.77	2.74	2.70	2.66	2.62	2.58	2.54
11	2.85	2.72	2.65	2.61	2.57	2.53	2.49	2.45	2.40
12	2.75	2.62	2.54	2.51	2.47	2.43	2.38	2.34	2.30
13	2.67	2.53	2.46	2.42	2.38	2.34	2.30	2.25	2.21
14	2.60	2.46	2.39	2.35	2.31	2.27	2.22	2.18	2.13
15	2.54	2.40	2.33	2.29	2.25	2.20	2.16	2.11	2.07
16	2.49	2.35	2.28	2.24	2.19	2.15	2.11	2.06	2.01
17	2.45	2.31	2.23	2.19	2.15	2.10	2.06	2.01	1.96
18	2.41	2.27	2.19	2.15	2.11	2.06	2.02	1.97	1.92
19	2.38	2.23	2.16	2.11	2.07	2.03	1.98	1.93	1.88
20	2.35	2.20	2.12	2.08	2.04	1.99	1.95	1.90	1.84
21	2.32	2.18	2.10	2.05	2.01	1.96	1.92	1.87	1.81
22	2.30	2.15	2.07	2.03	1.98	1.94	1.89	1.84	1.78
23	2.27	2.13	2.05	2.00	1.96	1.91	1.86	1.81	1.76
24	2.25	2.11	2.03	1.98	1.94	1.89	1.84	1.79	1.73
25	2.24	2.09	2.01	1.96	1.92	1.87	1.82	1.77	1.71
26	2.22	2.07	1.99	1.95	1.90	1.85	1.80	1.75	1.69
27	2.20	2.06	1.97	1.93	1.88	1.84	1.79	1.73	1.67
28	2.19	2.04	1.96	1.91	1.87	1.82	1.77	1.71	1.65
29	2.18	2.03	1.94	1.90	1.85	1.81	1.75	1.70	1.64
30	2.16	2.01	1.93	1.89	1.84	1.79	1.74	1.68	1.62
40	2.08	1.92	1.84	1.79	1.74	1.69	1.64	1.58	1.51
60	1.99	1.84	1.75	1.70	1.65	1.59	1.53	1.47	1.39
120	1.91	1.75	1.66	1.61	1.55	1.50	1.43	1.35	1.25
∞	1.83	1.67	1.57	1.52	1.46	1.39	1.31	1.22	1.00

F 분포표 (계속)

$\alpha = 0.10$

d.f.	1	2	3	4	5	6	7	8	9
1	39.86	49.50	53.59	55.83	57.24	58.20	58.91	59.44	59.86
2	8.53	9.00	9.16	9.24	9.26	9.33	9.35	9.37	9.38
3	5.54	5.46	5.39	5.34	5.31	5.28	5.27	5.25	5.24
4	4.54	5.32	4.19	4.11	4.05	4.01	3.98	3.95	3.94
5	4.06	3.78	3.62	3.52	3.45	3.40	3.37	3.34	3.32
6	3.78	3.46	3.29	3.18	3.11	3.05	3.01	2.98	2.96
7	3.59	3.26	3.07	2.96	2.88	2.83	2.78	2.75	2.72
8	3.46	3.11	2.92	2.81	2.73	2.67	2.62	2.59	2.56
9	3.36	3.01	2.81	2.69	2.61	2.55	2.51	2.47	2.44
10	3.28	2.92	2.73	2.61	2.52	2.46	2.41	2.38	2.35
11	3.23	2.86	2.66	2.54	2.45	2.39	2.34	2.30	2.27
12	3.13	2.81	2.61	2.48	2.39	2.33	2.28	2.24	2.21
13	3.14	2.76	2.56	2.43	2.35	2.28	2.23	2.20	2.16
14	3.10	2.73	2.52	2.39	2.31	2.24	2.19	2.15	2.12
15	3.07	2.70	2.49	2.36	2.27	2.21	2.16	2.12	2.09
16	3.05	2.67	2.46	2.33	2.24	2.18	2.13	2.09	2.06
17	3.03	2.64	2.44	2.31	2.22	2.15	2.10	2.06	2.03
18	3.01	2.62	2.42	2.29	2.20	2.13	2.08	2.04	2.00
19	2.99	2.61	2.40	2.27	2.18	2.11	2.06	2.02	1.98
20	2.97	2.59	2.38	2.25	2.16	2.09	2.04	2.00	1.96
21	2.96	2.57	2.36	2.23	2.14	2.08	2.02	1.98	1.95
22	2.95	2.56	2.35	2.22	2.13	2.06	2.01	1.97	1.93
23	2.94	2.55	2.34	2.21	2.11	2.05	1.99	1.95	1.92
24	2.93	2.54	2.33	2.19	2.10	2.04	1.98	1.94	1.91
25	2.92	2.53	2.32	2.18	2.09	2.02	1.97	1.93	1.89
26	2.91	2.52	2.31	2.17	2.08	2.01	1.96	1.92	1.88
27	2.90	2.51	2.30	2.17	2.07	2.00	1.95	1.91	1.87
28	2.89	2.50	2.29	2.16	2.06	2.00	1.94	1.90	1.87
29	2.89	2.50	2.28	2.15	2.06	1.99	1.93	1.89	1.86
30	2.88	2.49	2.28	2.14	2.05	1.98	1.93	1.88	1.85
40	2.84	2.44	2.23	2.09	2.00	1.93	1.87	1.83	1.79
60	2.79	2.39	2.18	2.04	1.95	1.87	1.82	1.77	1.74
120	2.75	2.35	2.13	1.99	1.90	1.82	1.77	1.72	1.68
∞	2.71	2.30	2.08	1.94	1.85	1.77	1.72	1.67	1.63

F 분포표 (계속)

$$\alpha = 0.10$$

d.f.	10	12	15	20	24	30	40	60	120	∞
1	60.20	60.71	61.22	61.74	62.00	62.26	62.53	62.79	63.06	63.83
2	9.39	9.41	9.42	9.44	9.45	9.46	9.47	9.47	9.48	9.49
3	5.23	5.22	5.20	5.18	5.18	5.17	5.16	5.15	5.14	5.13
4	3.92	3.90	3.87	3.84	3.83	3.82	3.80	3.79	3.78	3.76
5	3.30	3.27	3.24	3.21	3.19	3.17	3.16	3.14	3.12	3.10
6	2.94	2.90	2.87	2.84	2.82	2.80	2.78	2.70	2.74	2.72
7	2.70	2.67	2.63	2.59	2.58	2.56	2.54	2.51	2.49	2.47
8	2.54	2.50	2.46	2.42	2.40	2.38	2.36	2.34	2.32	2.29
9	2.42	2.38	2.34	2.30	2.28	2.25	2.23	2.21	2.18	2.16
10	2.32	2.28	2.24	2.20	2.18	2.16	2.13	2.11	2.08	2.06
11	2.25	2.21	2.17	2.12	2.10	2.08	2.05	2.03	2.00	1.97
12	2.19	2.15	2.10	2.06	2.04	2.01	1.99	1.96	1.93	1.90
13	2.14	2.10	2.05	2.01	1.98	1.96	1.93	1.90	1.88	1.85
14	2.10	2.05	2.01	1.96	1.94	1.91	1.89	1.86	1.83	1.80
15	2.06	2.02	1.97	1.92	1.90	1.87	1.85	1.82	1.79	1.76
16	2.03	1.99	1.94	1.89	1.87	1.84	1.81	1.78	1.75	1.72
17	2.00	1.96	1.91	1.86	1.84	1.81	1.78	1.75	1.72	1.69
18	1.98	1.93	1.89	1.84	1.81	1.78	1.75	1.72	1.69	1.66
19	1.96	1.91	1.86	1.81	1.79	1.76	1.73	1.70	1.67	1.63
20	1.94	1.89	1.84	1.79	1.77	1.74	1.71	1.68	1.64	1.61
21	1.92	1.88	1.83	1.78	1.75	1.72	1.69	1.66	1.62	1.59
22	1.90	1.86	1.81	1.76	1.73	1.70	1.67	1.64	1.60	1.57
23	1.89	1.84	1.80	1.74	1.72	1.69	1.66	1.62	1.59	1.55
24	1.88	1.83	1.78	1.73	1.70	1.67	1.64	1.61	1.57	1.53
25	1.87	1.82	1.77	1.72	1.69	1.66	1.63	1.59	1.56	1.52
26	1.86	1.81	1.76	1.71	1.68	1.65	1.61	1.58	1.54	1.50
27	1.85	1.80	1.75	1.70	1.67	1.64	1.60	1.57	1.53	1.49
28	1.84	1.79	1.74	1.69	1.66	1.63	1.59	1.56	1.52	1.48
29	1.83	1.78	1.73	1.68	1.65	1.62	1.58	1.55	1.51	1.47
30	1.82	1.77	1.72	1.67	1.64	1.61	1.57	1.54	1.50	1.49
40	1.76	1.71	1.66	1.61	1.57	1.54	1.51	1.47	1.42	1.38
60	1.71	1.66	1.60	1.54	1.51	1.48	1.44	1.40	1.35	1.29
120	1.65	1.60	1.54	1.48	1.45	1.41	1.37	1.32	1.26	1.19
∞	1.60	1.55	1.49	1.42	1.38	1.34	1.30	1.24	1.17	1.00

연습 문제 해답

01 반복측정분석법

1. ① 반복측정분석 결과를 보면, 개체 내 요인별 Wilks 통계량 값은 유의확률＝
   $0.000 < \alpha = 0.05$이므로 '귀무가설(H_0): 다변량 검정통계량이 같다'라는 귀무
   가설을 기각하여 동기 부여 정도에 따른 평소 점수, 시험 점수는 차이가 있
   는 것으로 판단된다.

   ② 종속변수 중 어느 변수가 그룹(1＝동기 부여 높은 그룹, 2＝동기 부여 낮은
   그룹) 간 차이가 있는지 확인하기 위해서 일변량 검정 결과를 살펴본다. 동
   기 부여 정도에 따른 집단 간에 각각 평소 점수와 자기효능감의 평균 차이
   가 있는 것으로 나타나 있다(유의확률 ＝ $0.000 < \alpha = 0.05$). 이는 다음 그룹
   으로도 확인할 수 있다.

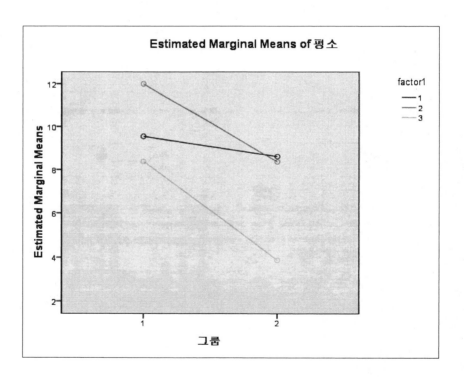

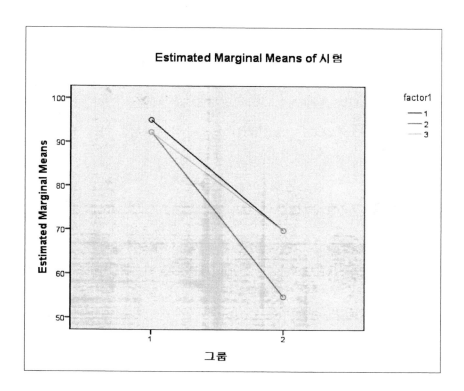

Estimated Marginal Means of 시험

02 회귀분석

1. 회귀분석의 개념을 설명하라.

독립변수가 종속변수에 미치는 영향력의 크기를 조사하여 독립변수의 일정한 값에 대응하는 종속변수 값을 예측하는 기법을 의미한다. 연구자는 회귀분석을 통해서 변수들 간의 설명, 예측, 그리고 통제를 할 수 있다.

2. 단순회귀분석에서 추정회귀식을 구하는 데 필요한 것은 무엇인가?

Y의 절편(Intercept), 독립변수의 기울기(Slope)

3. ① 회귀분석 후 추정회귀식을 만들어라.

$\widehat{Y} = 27.65 + 0.11X$

② 추정회귀식의 유의성을 판단하라.

유의확률 = $0.652 > \alpha = 0.05$이므로 유의하지 않음을 알 수 있다.

③ 만약 거리(x)가 32km라면 예상되는 배달 시간(y)은 얼마인가?

$\hat{Y} = 27.65 + 0.11(32) = 31.17$분이 소요됨을 알 수 있다.

03 구조방정식모델

1. 구조방정식모델 분석은 먼저 적합지수를 가지고 전체적인 모델의 적합성을 판단한다. 이 경우 절대적합지수 계열과 증분적합지수 계열이 주로 사용된다. 이는 확인요인분석과 이론모델분석을 해석하는 데 공통으로 이용된다.

연구자는 확인요인분석 결과에 대한 해석을 끝내고 각 요인별 경로 간의 유의성을 판단하면 된다. 이때 t(c.r) > ±1.96인 경우는 경로계수가 유의하다고 해석한다.

2. ① 절대적합지수와 증분적합지수 계열의 지표가 모두 만족스럽지는 못하다. 이런 경우 연구자는 주로 사용하는 지표를 언급하면 된다. χ^2, GFI(0.9 이상), AGFI(0.9 이상), RMR(0.05 이하), RMSR(0.05 이하), NNFI(0.9 이상), NFI(0.9 이상) 등이 전체적인 연구모델의 적합성 여부를 판단하는 데 주로 사용된다.

② 성공(Success)에 영향을 미치는 능력(Ability)과 열망(Aspiration)은 모두 유의한 요인임을 알 수 있다(t > ±1.96).

04 잠재성장모델링 분석 I : Amos 이용 방법

1. ① exch4.amw을 실행해 보면, $\chi^2 = 22.181$, p = 0.023이고 모델의 적합도는 TLI(NNFI) = 0.920(0.9 이상이면 적합함), CFI = 0.912(0.90 이상이면 적합함)으로 대체로 모델은 적합함을 알 수 있다.

열정(passion)으로부터 ICEPT(초기치)에 대한 경로계수는 0.321로 유의함을 알 수 있다(p＝0.000<α＝0.05). 또한 열정(passion)으로부터 SLOPE(기울기)에 대한 경로계수는 −0.018로 비유의적임을 알 수 있다(p＝0.471>α＝0.05). 열정(passion)의 평균, 1개월 평균 독서량(x1), 3개월 평균 독서량(x2), 5개월 평균 독서량(x3), 7개월 평균 독서량(x4) 등은 각각 3.285점, 2.760권, 2.957권, 3.155권, 3.352권임을 알 수 있다.

② 각자 토론 후 결과 중심의 논리적인 시사점을 발견하도록 하자.

05 잠재성장모델링 분석 Ⅱ : LISREL 이용 방법

1. 적합지수: 일부는 적합도 판단 기준에 만족스러우나 일부는 만족스럽지 못한 적합지수가 있음.

Normed Fit Index (NFI)＝0.86

Non−Normed Fit Index (NNFI)＝0.92

Parsimony Normed Fit Index (PNFI)＝1.20

Comparative Fit Index (CFI)＝0.89

Incremental Fit Index (IFI)＝0.89

Relative Fit Index (RFI)＝0.90

Critical N (CN)＝79.71

Root Mean Square Residual (RMR)＝0.089

Standardized RMR＝0.086

Goodness of Fit Index (GFI)＝0.89

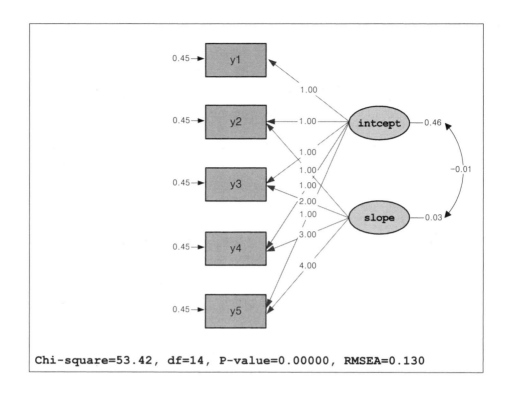

Chi-square=53.42, df=14, P-value=0.00000, RMSEA=0.130

2. 초기 상수항과 기울기의 평균 벡터량

Mean Vector of Independent Variables

intcept	slope
0.19	0.07
(0.07)	(0.02)
2.83	3.32

초기 상수항(Intercept)과 기울기(Slope)의 평균은 0.19, 0.07로 모두 연령별 비행(非行) 자제력에 유의한 영향을 미치는 것으로 나타났다 (t > ± 1.96).

06 잠재성장모델링 분석 비교

1. LISREL 분석 결과

Goodness of Fit Statistics

Degrees of Freedom = 3
Minimum Fit Function Chi-Square = 1.30 (P = 0.73)
Normal Theory Weighted Least Squares Chi-Square = 1.29 (P = 0.73)
Estimated Non-centrality Parameter (NCP) = 0.0
90 Percent Confidence Interval for NCP = (0.0 ; 4.35)

Minimum Fit Function Value = 0.0052
Population Discrepancy Function Value (F0) = 0.0
90 Percent Confidence Interval for F0 = (0.0 ; 0.017)
Root Mean Square Error of Approximation (RMSEA) = 0.0
90 Percent Confidence Interval for RMSEA = (0.0 ; 0.076)
P-Value for Test of Close Fit (RMSEA < 0.05) = 0.87

Expected Cross-Validation Index (ECVI) = 0.068
90 Percent Confidence Interval for ECVI = (0.068 ; 0.086)
ECVI for Saturated Model = 0.080
ECVI for Independence Model = 1.72

Chi-Square for Independence Model with 6 Degrees of Freedom = 420.51
Independence AIC = 428.51
Model AIC = 15.29
Saturated AIC = 20.00
Independence CAIC = 446.59
Model CAIC = 46.94
Saturated CAIC = 65.21

Normed Fit Index (NFI) = 1.00
Non-Normed Fit Index (NNFI) = 1.01
Parsimony Normed Fit Index (PNFI) = 0.50

$$\text{Comparative Fit Index (CFI)} = 1.00$$
$$\text{Incremental Fit Index (IFI)} = 1.00$$
$$\text{Relative Fit Index (RFI)} = 0.99$$

$$\text{Critical N (CN)} = 2178.12$$

$$\text{Root Mean Square Residual (RMR)} = 0.013$$
$$\text{Standardized RMR} = 0.014$$
$$\text{Goodness of Fit Index (GFI)} = 1.00$$
$$\text{Adjusted Goodness of Fit Index (AGFI)} = 0.99$$
$$\text{Parsimony Goodness of Fit Index (PGFI)} = 0.30$$
$$\text{Time used:} \quad 0.016 \ \text{Seconds}$$

Structural Equations

$$\text{intcept} = 0.45*\text{motivati}, \ \text{Errorvar.} = 0.37 \ , \ R^2 = 0.35$$
$$\qquad\qquad (0.054) \qquad\qquad\qquad (0.074)$$
$$\qquad\qquad 8.27 \qquad\qquad\qquad\quad 5.09$$
$$\text{slope} = 0.083*\text{motivati}, \ \text{Errorvar.} = 0.035 \ , \ R^2 = 0.16$$
$$\qquad\qquad (0.032) \qquad\qquad\qquad (0.030)$$
$$\qquad\qquad 2.62 \qquad\qquad\qquad\quad 1.18$$

Amos의 결과는 각자 프로그램을 완성한 후 LISREL 프로그램 결과와 비교 분석하기 바란다.

참고문헌

강병서 · 김계수 (2009). ≪사회과학통계분석≫. 한나래출판사.

김계수 (2006). ≪성공적인 논문작성을 위한 Amos/Lisrel 이용 구조방정식≫. 도서출판 청람.

김계수 (2006). ≪인과분석연구방법론≫. 도서출판 청람.

김계수 (2008). ≪Amos16.0 구조방정식모형분석≫. 한나래.

토머스 프리드먼 (2000). ≪렉서스와 올리브나무≫. 신동욱 옮김. 창해.

허명회 (2008). ≪SPSS를 활용한 통계적 방법론≫. 한나래아카데미.

Duncan, T. E., Duncan, S. C., Strycker, A. L., Li F., Alpert, A. (1999). *An introduction to latent variable growth curve modeling*: Concepts, issues, and applications. Mahwah, NJ: Lawrence Erlbaum Associates.

Kine, R. B. (1998). *Structural Equation Modeling*. The Guilford Press.

http://www.unc.edu/~curran/example.htm

찾아보기

(가)

간명모델　84, 85
간명성(parsimony)　89
간명적합지수　85
결정계수　43
계층선형모델링(Hierarchical Linear Modeling)　101
곡선관계(curvilinear relationship)　37
공변량 성장모델　130
공변량 효과(covariates)　101
공분산행렬　81
구조방정식모델　71
그룹 간 변동　12
그룹 내 변동　12
기울기(SLOPE)　34, 173
기초모델　88

(나)

내생개념(Endogenous Constructs)　76

(다)

다변수 성장모델(MLGM, Multiple Indicator LGM)　109
단순회귀분석　34
단일모델 전략　92
대응표본 T 검정　11
독립변수　33
독립변수의 평균벡터　181

(마)

매개요인효과(mediating effects)　101
모델의 적합성 평가　84
무변화모델　107

(바)

반복측정(Repeated Measure)　11
β_1의 신뢰구간 추정　48
복수모델 전략　92
부정모델　84, 85
분산분석　45
비선형모델(nonlinear growth model)　124
비선형 잠재성장모델링(Non Linear Latent Growth Modeling)　103
비조건적 모델(unconditional model)　102
비표준적합지수　88

(사)

산포도(scatter diagram)　35
3차년도 변화모델　108
상관계수　52
상관행렬　81
상수항(ICEPT)　34, 114, 115
상호작용효과(interaction effect)　101
선형 변화모델　107
설명 안 되는 변동　44
설명되는 변동　44
신뢰성(reliability)　77

(아)

연구모델의 판단 방법　94
예방요인(protective factors)　101
예측평균(Implied Means)　129
오차(error)　76
요인(factor)　74
원자료 입력　81
위험요인(risk factor)　101
이론모델(Structural Model)　72, 77
2요인 자유모수 변화모델　108
이월효과(carry-over effect)　28
2차년도 변화모델　107
2차식 모델(quadratic model)　124
2차회귀식(Quadratic Regression)　37
일반측정방정식(Generalized Estimating Equation)　101

일반복합모델링(General Mixture Modeling)　101
1요인 자유모델　107
일원분산분석　12

(자)

자유도　85
잔류효과(residual effect)　28
잔차(residual)　76
잔차에 의한 제곱합　44
잠재성장곡선모델링(Latent Growth Curve Modeling)　101
잠재성장모델링 분석 단계　102
잠재성장모델링(Latent Growth Modeling)　101
잠재성장모델링의 적합 여부 판정　110
잠재요인(latent factor)　159
잠재요인(latent variables)　74
적합도지수(GFI, Goodness of Fit Index)　87
절대적합지수　85
정규방정식　41
제안모델　88
조건적 모델(conditional model)　102
조정된 적합지수(AGFI, Adjusted GFI)　87
종속변수　33
주요효과(main effects)　101
중회귀분석　34
증분적합지수　85

(차)

총변동　12, 44
최대우도법(Maximum Likelihood)　157, 180
최소자승법　40
추정의 표준오차　43
측정(measurement)　77
측정모델(Measurement Model)　72

(타)

타당성(validity)　77
탐색성장모델링(Exploratory Grwoth Modeling)　101
통계적 추론(statistical inference)　47

(파)

평균제곱잔차제곱근　88
포화모델　84, 85
표준적합지수　89

(하)

혼합모델(hybrid model)　109
회귀분석　33
회귀선(regression line)　36
회귀에 의한 제곱합　44

(A)

AIC(Akaike Information Criteria)　90
Amos　169

(D)

Delta 2　89

(E)

ECVI(Expected Cross-Validation Index)　159

(L)

LISREL　149

(N)

NFI　89
NNFI　88

(P)

PGFI(Parsimonious Goodness-of-Fit Index)　90
PNFI(Parsimonious Normed-of-Fit Index)　90

(S)

SIMPLIS　150

(W)

Wilks 통계량　24

김계수

경희대학교 경영학과 졸업
고려대학교 대학원 경영학 석사
경희대학교 경영학 박사
연세대학교, 경희대학교, 한국외국어대학교 일반대학원, 인덕대학, 천안외국어대학 강사
현) 세명대학교 경영학과 교수

● **주요 저서**

HWP(한글)을 이용한 SPSS/PC+(공저, 무역경영사, 1997)

통계분석을 위한 SPSSWIN Easy(공저, 법문사, 1997)

사회과학 통계분석(공저, SPSSKOREA 고려정보산업(주), 1998)

EXCEL 2000을 이용한 경영과학(편저, 법문사, 2000)

SPSS와 인터넷을 이용한 현대통계분석(공저, 무역경영사, 2000)

AMOS 구조방정식모형분석(SPSSKOREA 고려정보산업(주), 2001)

한국경영혁신대상 베스트프랙티스(공저, 한국품질경영학회/중앙일보포브스, 2003)

21세기 기업과 경영(공저, 도서출판 범한, 2003)

21세기 Web기반의 ERP구축 이론과 실무(공저, 우용출판사, 2004)

Amos/Lisrel 이용 인과분석연구방법론(도서출판 청람, 2006)

Amos16.0 구조방정식모형분석(한나래출판사, 2007)

프로세스 중심의 경영혁신(공저, 도서출판 대경, 2008)

EXCEL 2007을 이용한 통계분석(한나래아카데미, 2008)

SPSS17.0 사회과학 통계분석(공저, 한나래출판사, 2009)

글로벌시대의 기업경영(공저, 도서출판 청람, 2009)

● **연락처**

연구실: 043-649-1242

http://venus.semyung.ac.kr/~gskim

e-mail id: gskim@semyung.ac.kr